Chr. R. Kroll

2023

Neue Literatur · 2023/2024

Neue Literatur

2023/2024

Herausgegeben von

Katharina Strojek

AUGUST VON GOETHE LITERATURVERLAG

FRANKFURT A.M. • LONDON • NEW YORK

Die neue Literatur, die – in Erinnerung an die Zusammenarbeit Heinrich Heines und Annette von Droste-Hülshoffs mit der Herausgeberin Elise von Hohenhausen – ein Wagnis ist, steht im Mittelpunkt der Verlagsarbeit. Das Lektorat nimmt daher Manuskripte an, um deren Einsendung das gebildete Publikum gebeten wird.

Bibliografische Information der Deutschen Nationalbibliothek
Die Deutsche Nationalbibliothek verzeichnet diese Publikation in der Deutschen Nationalbibliografie; detaillierte bibliografische Daten sind im Internet abrufbar über http://dnb.d-nb.de.

Lektorat und Gestaltung: Katharina Strojek
Titelbild: Larisa Koshkina/Pixabay

Websites der Verlagshäuser der Frankfurter Verlagsgruppe:

www.frankfurter-verlagsgruppe.de
www.frankfurter-literaturverlag.de
www.frankfurter-taschenbuchverlag.de
www.public-book-media.de
www.august-von-goethe-literaturverlag.de
www.fouque-literaturverlag.de
www.weimarer-schiller-presse.de
www.deutsche-hochschulschriften.de
www.deutsche-bibliothek-der-wissenschaften.de
www.haensel-hohenhausen.de
www.prinz-von-hohenzollern-emden.de

Gedruckt auf säurefreiem, alterungsbeständigem Papier, hergestellt aus chlorfrei gebleichtem Zellstoff (TcF-Norm).

Printed in the EU

ISBN: 978-3-8372-2748-2

©2023 FRANKFURTER LITERATURVERLAG

Ein Unternehmen der
FRANKFURTER VERLAGSGRUPPE GMBH
Mainstraße 143
D-63065 Offenbach a.M.
Tel.: 069-40-894-0 • Fax 069-40-894-194

E-Mail: lektorat@frankfurter-verlagsgruppe.de

Worte

Erinnerungen

Botschaften

Wolfgang Ahrens

Zerrissene Wolken

Schwarz-graue Töne nur hat dieser Sturm,
beklommen hör ich die Melodie.
Der Strandhafer biegt sich vergeblich –
nichts hält den Sand jemals auf.
Immer lauter dröhnen die wachsenden Wellen.
Wie klein wir sind.
Hinter zerrissenen Wolken
hin und wieder der gelb-rote Mond.

Vom kurzen Leben eines Eiszapfens

An der kalten Dachrinne
klammerst du mit deinen durchsichtigen Schwestern
und gewinnst an Größe,
deine Form ist schöner noch als gestern.
Keiner ist dem anderen gleich.
Deine Reife wirst du still erstreben
in stetem Wandel, faszinierend reich,
doch kurz ist nur dein Leben.

Wenn dann an der Dachrinne
still und sanft die ersten Strahlen euch erreichen,
wird des Lebens Wärme
lautlos euer Eisesherz erweichen.
Ersterben wird dein stolzer Glanz,
deine Tränen neue Kraft uns geben.
Kristallnes Funkeln bist du jetzt noch ganz,
doch kurz ist nur dein Leben.

Thorfalk Aschenbrenner

Kawenzmann

Das Leben gleicht der weiten See,
undurchsichtig, tiefer Grund,
im Wellenschlag vergeht die Zeit
allmählich Stund um Stund

Und irgendwann im Wogenmeer
türmt sich ein Unheil auf,
schäumend wilder Wasserberg
gischtend, drohend – laut

Der Scheitel bricht, es tost herbei,
man kann jetzt nur noch hoffen,
dem Schicksal ist es einerlei,
schon viele abgesoffen

Auf hoher See, in Gottes Hand
es streift so manches Riff,
und zeigt sich der Klabautermann

braucht man ein schnelles Schiff

Liebelei(d)

Der Zitteraal quält die Geweide,
es ächzt das Herz, der Magen bebt,
Gefühle fahren Karussell –
Herzschlag, der nach oben strebt.

Die Sinne längst in Einzelhaft,
Der Selbstwert gar gering,
zu spät kommt die Erkenntnis Dir,
des Universums g'fährlichst' Tier –

das ist der Schmetterling.

Stille List

Feingeknüpft und klebrig süß,
durchzog'ne Eleganz,
Weberskunst von langer Hand,
durch einen Seidentanz

Nun gilt es auf der Hut zu sein,
all' Sinne sind geweitet,
die Strategie der „ruhigen Hand"
den Jäger stets begleitet

Ein Beben, ein Kleben – endloses Streben
nach Freiheit – nicht mehr gegeben.

Der Fallensteller hält noch still,
Moment noch nicht gekommen,
die Zeit verrinnt in zähem Fluss,
der Schicksalsturm erklommen

Es knackt das Bein, es reißt die Haut,
der Jäger sieht's erschrocken,
die Beute frei von dannen zieht –
wird's schwer noch einmal locken

„Dieses Mal entkam sie mir"
sprach sodann das Ungetier,
und bleibt bei seiner alten List –
am End' es doch das Opfer frisst.

Vom Verlassen (sein)

Steinstarrer Blick
aus tiefen Wunden,
gramfletschende Melancholie

Gedankengerippe
in knöchernen Kammern,
fragmentisierte Dystopie

Was wichtig gewesen
am prächtigen Ort,
vergangen, verfallen
zerschmettert – hinfort

Groteske Romantik,
zerklüfteter Schein,
doch Zeit überdauert

jedes Gestein

Beatrix Ramona Benmoussa-Strouhal

*Sperrzone Ungarn**

Die Welt ist in einem globalen Umbruch, gegenwärtig die Menschen, welche darauf leben. Verfolgt man die Geschichte, wird man feststellen, dass sich in geraumer Zeit die Naturkatastrophen sowie die Weltherrschaft wiederholen, auch widerspiegeln. Es wurden Städte überflutet, durch Erdbeben verschüttet, unzählige Lebewesen zu Waisen geworden und so mancher musste sogar sein Leben lassen. Die Natur besteht derzeit noch, würde sie sich nicht selbst retten, indem sie sich bemerkbar macht, um sämtliche Naturphänomene zu Tage zu bringen, nicht nur Landstriche verschwinden lässt, sondern mitunter auch neue Inseln kreiert, um zu zeigen, dass man mit ihr nicht so umzugehen hat. Sie kann sich, Gott sei Dank, wieder selbst regenerieren, sonst wäre sie längst untergegangen.

Durch die Macht mancher Herrscher und ihres Regimes, eskalierten die Konflikte vieler Völker in der Vergangenheit wie auch im Jetzt. Es kam zu vielen Katastrophen, Regierungen entfachten Kriege, Staaten wurden dem Erdboden gleich gemacht, Völker wurden ausgelöscht. Diese Geschichte spiegelt sich in der heutigen Zeit. Wie man sieht, sind eben die Menschen nicht freundlich zueinander.

Ist ein Stacheldraht, der die Grenzen absperrt, die Lösung des Problems der Flüchtlinge? Bringt es wirklich die Sicherheit, dass die Flüchtlinge deshalb nicht versuchen, sie zu durchbrechen, um den Staat zu sichern, um zu garantieren, dass keine Gewalt ins Landesinnere kommt? So wie das ungarische Staatsoberhaupt nach neuen Erkenntnisse anordnet, die letzten Lücken zu anderen Länder schließen zu wollen, wie zu Serbien und dem ganzen europäischen Raum. Die Flüchtlinge zurückzuweisen, abzuschieben und einzusperren, könnte möglicherweise einen Konflikt zutage

15

bringen, welcher früher oder später Europa zerbricht, während sich der Grundgedanke von einem vereinten Europa in Luft auflöst. Sich von der Außenwelt abzuschneiden wird bewirken und zur Folge haben, dass das Land zum Sterben verurteilt ist, denn dringend sollte man sich klar darüber werden, dass ein jeder vom anderen und von der Außenwelt abhängig ist. Kommen nicht sämtliche Lebensmittel und Waren von unterschiedlichen Erdteilen wie aus den Vereinigten Staaten, Asien, Russland, nicht zu vergessen selbst von Europa, aber obendrein aus dem arabischen Raum? Es hätte so manches Land nicht einmal Kaffee, geschweige die feinen Confiserien, bei denen man sich die herrliche Schokolade auf der Zunge zergehen lässt. Auch den wunderbaren Reis, den Duft der Südfrüchte und der Öle müsste man vom Markt wegdenken, ebenso die bunten Stoffe – das Leben wäre trostlos. Kahl wie eine Wohnung abzüglich Teppich und Möbel, so wäre eine Frau ohne eine sinnliche Ausstrahlung, welche sie mit etwas Schmuck untermalt, ferner der Lapislazuli für die obere Schicht, den es nur in Afghanistan gibt und sämtliche Mineralien und Metalle, all das wäre nicht überall vorhanden.

Außerdem würde es auch an Benzin oder Brennmaterial mangeln, das würde bedeuten, dass der Verkehr zum Stillstand käme und die Bevölkerung zum Frieren verurteilt wäre. Nicht zu vergessen sind die technologischen Produkte sämtlicher Arzneimittel, die Spitäler könnten ebenfalls nicht mehr bestehen.

Ein jeder hängt vom anderen ab. So wie das ganze Universum eine Einheit bildet und einen Zusammenhalt hat, könnte selbst die Erde aus der Bahn geraten und womöglich nicht mehr bestehen, sollte diese Harmonie gestört werden.

Es scheint in diesem Jahrhundert so zu sein, als würde das politische System zerfallen: Die Problematik, es gibt mehr Grenzen und Mauern als bisher, doch Gott und auch die Erdkugel sogar das Planetarium, unser gesamtes Sonnensystem kennt keine Grenzen, es ist eine Einheit.

Man produziert alles erdenklich Mögliche, versucht in der Medizin Fortschritte zu machen, das Universum zu erforschen, ebenso Waffen zu entwickeln, um zu testen, welche stärker sind. Die Frage bleibt: Weshalb? Wenn man nicht einen Hintergrund zu hegen pflegt, sie an den Mann zu bringen, wird diejenige Person einen günstigen Zeitpunkt abwarten, denn das Produkt, welches der Mensch hergestellt hat, dieses irgendwann zum Kauf anzubieten, in absehbarer Zeit, wenn die Lage zu eskalieren beginnt.

Wollen die Leute deshalb ihre Heimat wie ferngesteuert verlassen, nur des Krieges Willen? Man fragt sich, was in den Köpfen der Flüchtlinge wohl vorgegangen ist, dass sie ihre Heimat den Rücken gekehrt haben. Hatten die Staatsmächte und das Internet den Emigranten einiges vorgegaukelt und sie in eine Traumwelt geschickt? Haben sie das, was sie sich erhofft haben, erreicht oder sind sie enttäuscht, dass die Realität ganz anders ist? Nicht immer ist das Weglaufen vor einem Problem die Lösung.

Könnte es sein, dass von außen, durch Strahlen verursacht, oder durch feinstoffliche Wellen, oder aber auch Hypnose, Informationen in die Köpfen der Menschen gesendet werden, die sie dazu bringen, ihre Heimat zu verlassen und Richtung Europa zu gehen? Dagegen ist die stärkste Mauer, ja sogar ein Eisenzaun, machtlos. Hat einer der Bürger das auch in Betracht gezogen? Zumal fast ein jeder ein teures Handy mit sich führt. Man sieht und spürt eben nicht die Radiowellen und die Wellen eines Handys. Es könnte sein, dass eine Weltmacht dies veranlasst hat, nämlich die Menschen als Versuchsobjekte zu benutzen, um zu testen, wie weit jemand mit der neuen Technologie in das Bewusstsein der Erdbewohner vordringen kann. Womöglich könnte sogar eine fremde Spezies von einem anderen Planeten dank elektromagnetischer Strahlen oder aber auch eine Strategie der Wissenschaft, welche uns unbekannt ist, nicht mit unseren Maßstäben messbar, die Hände im Spiel haben.

Im Weltall gibt es viele Geheimnisse, aber auch unter der Erde. Das sollte man in Betracht ziehen. In das Erdreich vorzudringen ist sehr beschwerlich, da angeblich keiner weiß, was einen erwarten wird, denn man hat noch keine Roboter hinabgeschickt, oder hält uns die Regierung das vor? Somit müssten eben die Leute aufmerksam die Augen auf den Boden wenden, nicht nur gegen den Himmel. Die Visionen, in das Innere unseres Planeten zu reisen, stehen noch in den Sternen, doch wäre es nicht sinnvoller, den Menschen zu erforschen, als in Weltall zu fliegen, dort neue Städte entstehen zu lassen, oder unterhalb der Erde den Erdkern zu durchleuchten?

Viel besser wäre eine Strategie zu finden, Frieden auf der Erde herzustellen, dann wäre das ein Paradies.

---

* Dieser Text entstand 2015 im Rahmen des Studiums „Literarisches Schreiben" an der Cornelia Goethe Akademie auf der Grundlage eines Zeitungsartikels aus „Kleine Zeitung Graz".

G. E. Fugmann

Ich wünsch' mir Frieden

Ich wünsch' mir Frieden, im Großen und Kleinen,
für mich, meinen Nachbarn und die ganze Welt!
Das hat nichts miteinander zu tun, sollt' man meinen,
doch die Weichen werden am Anfang gestellt.

Es beginnt mit dem Frieden im Herzen,
setzt sich fort mit dem Frieden im Land,
breitet aus sich über ganz Europa,
wird von dort in die Welt nun gesandt!

Doch Frieden ist kostbar und nur geliehen,
so haben wir es einst in der Schule gelernt,
wir nahmen ihn Jahrzehnte als gegeben hin
und haben uns in Wahrheit weit davon entfernt.

Der einfache Frieden kommt nicht von alleine,
er reift in den Menschen so hoffnungsvoll –
doch man muss ihn schützen und bewahren,
wenn er stark werden und wachsen soll!

Herbstgedanken

Ich mag den Herbst mit all seinen Farben,
die Ähren, das Korn und die goldenen Garben,
die leuchtenden Wälder in Rot, Gelb und Braun,
mit Blättern, die von den Ästen sich lösen
und mutig dem Herbstwind anvertrauen.

Ich mag den Herbst mit all seinen Düften,
es riecht so herrlich nach Beeren und Früchten,
nach Erdäpfeln, die schon zur Ernte bereit
und Omas Steckrübensuppe, die würzig-scharfe,
serviert mit herbstlicher Gemütlichkeit.

Ich mag den stillen Herbst, er gibt mir Raum
für einen Altweibersommertraum.
In kunstvoll geknüpften Spinnenweben
schillern letzte, warme Sonnenstrahlen
und vollenden die himmlische Süße der Reben.

Ich mag den Herbst mit seinen Geschichten,
die von Feen, Trollen und Hexen berichten
und die man den Kindern am Feuer erzählt.
Es ist die Zeit des Trauerns und Träumens,
vom Werden und Vergehen auf unserer Welt.

Roland Goretzky

Erwachen

Heute Nacht lag ich im Bett.
Draußen stürmte es nur noch
leicht vor sich hin.
Doch ständig hörte ich eine Art
Klopfen oder Schlagen, nicht sehr
laut, aber deutlich vernehmbar.
Wie ein Fenster, das gegen den
eigenen Rahmen schlägt, ein wenig
gedämpft vom Gummi des
„Isolierfutters".
Was ist da bloß los?
Das Klopfen kommt näher,
wird ein wenig lauter und
bereitet mir langsam
Kopfschmerzen.
Ich fasse an die betreffende Stelle
und fühle plötzlich einen heftigen,
dumpfen Schmerz – auf dem
Handrücken.
Ich schreie laut auf, schrecke hoch,
sitze im Bett und bin wach.
Alles dunkel.
Ich begreife nichts.
Langsam komme ich in meinem
Bett an, sehe die Lichter und
Schatten der Straßenlaternen
an der Decke. Höre recht deutlich das
Rauschen in der Ferne und allmählich

kommen auch Ficus, Schrank
und Bank wieder zum Vorschein,
sowie die großen Flächen der Fenster.

Alle Fenster sind geschlossen.
Aber die Balkontür steht weit offen.
Ich muss beim Stoßlüften eingeschlafen sein.
Habe das alles nur geträumt.
Aber die Schmerzen sind ja noch
da! – sehr real.
Wieder schwindet
ein Stück Orientierung.
Dann höre ich eine Art seidenes
Rascheln, ganz dicht bei mir.
Was ist das?
Es scheint aus der
Ecke neben dem Kopfkissen
zu kommen, die noch völlig im
finstern liegt. Es raschelt erneut,
aber dieses Rascheln wird jetzt
von einem leise rollenden und doch
gleichzeitig hellen „Schnarren" begleitet.
Und das kenne ich nun wirklich.

Mit einem Schlag ist die
Orientierung über die letzten
fünf Minuten vorhanden und ein
Ärger, der schon dicht an
Wut grenzt, entstanden.
Ich rutsche über das Bett, schalte
die „Schwachlichtlampe" am Fußende
ein, und da sitzt er. Den Kopf so tief
ins Brustgefieder gesteckt wie es

eben geht, scheinbar lasziv
blinzelnd. Tatsächlich linst er immer
wieder ganz vorsichtig unter seinen
Lidern hervor, ob mein Blick sich
schon verändert hat.
Hat er nicht.
Ich: „Sag mal, was machst du mitten
in der Nacht in meinem Bett, bist
du verrückt geworden?
Du bist weder Andrea, noch eine
samtweiche Katze, noch irgendein
anderes Felltierchen. Du hast hier
überhaupt nichts verloren und
schon gar nicht mitten in der Nacht!
Haut mir gegen die Stirn und auf
die Hand, sag mal geht's noch?"
Der Schnabel fährt aus dem
Gefieder, wird weit aufgerissen und
– da erwischt ihn erneut mein Blick,
der das ganze Manöver auf der Stelle
rückgängig macht.

Ich: „Genau, du hältst jetzt
einfach mal den Schnabel.
Sonst ... ach Quatsch, aber nun
sag mir doch mal, wie du überhaupt
hier reingekommen bist."

Schweigen!
Ich: „Jetzt sag' schon!"
Schweigen!

Ich: „Na gut, aber dann kannst du
mir ja vielleicht wenigstens sagen,
was du eigentlich willst."
Im Brustgefieder entsteht Bewegung
und langsam kommt der Schnabel
zum Vorschein.
Er: „Ich wollte dir eigentlich nur sagen ..."
Ich: „Ja was denn, nun sag schon,
ich nämlich, wollte eigentlich noch
ein bisschen schlafen. Ich kann
nämlich nicht, wie du, morgen den
ganzen Tag auf Bäumen oder
Dächern rumhängen und mir
einen Lockeren machen."
Er: „Na, ich wollte dir sagen,
ich brauche kein fliegendes Pferd."
Ich: „Und deswe ..."
Er: „Nein, höre doch mal ...!"
Ich: „Außerdem, das ist gut, das
ist wirklich gut! War das nicht so,
dass du schon eins bekommen hast?
Und jetzt brauchst du also keins
mehr, und um mir das zu sagen,
schlägst du mir mitten in der
Nacht fast den Schädel ein?"
Er: „Nein, natürlich nicht, wenn
du mal zuhören würdest ..."
Ich: „Gut. Jetzt sag endlich."
Er.: „Erinnerst du dich an unser
Gespräch neulich über die Tauben?"
Ich: „Na klar, aber was hat das da ..."
Er: „Zuhören! Du hast gesagt, die
schlimmsten Tauben sind die, die

nicht hören wollen. Und ich habe
gesagt, nein, die schlimmsten
Tauben sind die, die nicht fliegen
wollen. Da hast du gelacht und
gesagt, das gilt dann aber auch
für Krähen. Ich kenne da eine ...
und dann hast du mich so
angesehen!
Und ich habe gesagt, ja, ist ja gut,
ich weiß ja, ich weiß.
Und dann wurdest du sogar ein
wenig schroff und meintest, wenn
du es wirklich kapiert hättest
würdest du dich freuen, dass
du es wieder kannst und nicht
dauernd wie ein kleines Entlein
über den Bürgersteig tapern.
Und zuletzt sagtest du, wenn der
Groschen wirklich mal fällt, dann
komm auf der Stelle zu mir und
wir feiern ein kleines Fest mit
zwei Walnüssen und ausführlichem
Nackenkraulen.
Na und vorhin ist er gefallen."
Ich: „Wer?"
Er: „Na, der Groschen.
Ich kann fliegen, ich kann fliegen,
ich kann ja fliegen!"
Dann kuschelte er sich in die Bettdecke, legte
seinen Schnabel auf mein Kissen und schlief.

Was weiß ich!

Occupy, occupations, occupants; occupy Wall Street, New York Wall Street.

Mauerstraße Berlin: Da muss einmal eine Mauer gestanden haben.

Nein, nicht die Mauer, nur eine Mauer, genauer: eine Stadtmauer.

Nach dem Bau der Friedrichstadt?

Wallstraße Berlin: Ein Wall ist eine Schutzeinrichtung gegen Feinde, der Schutzwall, etwas draußen behalten wollen. Wagenburg, Wagenburgmentalität, Banker, Börsianer sitzen in der Wallstreet hinter einem Schutzwall mit einer Wagenburgmentalität.

Entstehung der Wallstraße Berlin, Entstehung der Wallstreet, wann? Waren da Stadtmauern? Mauer? Ein steiler, schmaler Wall, materialsparend.

Ein Wall ist eher wie ein Damm gegen Hochwasser, also breiter.

In Berlin sagt man: über den Damm gehen, wenn man über die Straße geht, z. B. über die Mauerstraße. Ein Damm oder Wall schützt vor etwas, eine Mauer kann das auch, aber auch noch mehr, kann Wand werden, kann Gebäude bilden, z.B. eine Börse, kann Städte errichten für die man dann zum Schutz Mauern brauchte, oder einen Wall, oder einen Graben.

Der Graben ist sozusagen das Negativ des Walls. Oder so: hebst du einen Graben aus, entsteht immer auch ein Wall.

Auch der Graben wird gerne zum Schutz verwendet.

Hagenbeck verwendete ihn wohl als erster zum Schutz vor wilden Tieren. Der Graben schützt ohne den Sichtkontakt zu verhindern und daher war er im Zoo besser geeignet als ein Wall.

Wall: Schutzwall. Graben: Schützengraben, Burggraben, erst ein Graben, ein Wassergraben, dann dicke Mauern, Mauern können Burgen bilden – ach übrigens: Die Berliner Börse war früher in der Burgstraße. Burgen geben Schutz, mehr Schutz als Wagenburgen, mehr Schutz als ein Schutzwall.

Wall, Damm, Bahndamm: eine Straße für Züge, über den Straßendamm gehen, auf dem Eisenbahndamm stehen. Ich bin wieder auf dem Damm, während der Biber drin ist, in seinem Damm, seiner Biberburg.

„Sie sind ja schon wieder auf dem Damm! Was machen Sie da? Hauen Sie ab! Ich will Sie hier nie wieder sehen", so ein junger Mensch, das gibt's doch nicht.

Bahndamm, railway, railway carriage. In der Bahn, im Zug: Auf dem Damm in Bewegung sein.

Während der Biber liegt , einfach daliegt und schläft.

In seinem Damm schläft. Und staut. Den Fluss.

Er hebt die Bewegung auf.

Das kann er im Schlaf. Mit seinem Damm, einer Art Staudamm.

Damm. Biberburg, Burg, Schutz. Durch dicke Mauern bestehender Schutz, umgeben von Wasser aber keinem Wassergraben.

Die einen in der Biberburg, die anderen im Zugabteil.

Railway carriage, the occupants were a small girl and a smaller girl ... im Zugabteil befanden sich ein kleines Mädchen und ein noch kleineres Mädchen:

„Neben dem Bahndamm, ham, ham, ham, steht ein Baumstamm, ham, ham, ham, da macht sich einer zu schaffen dran, ham, ham, ham, das ist doch ein Biber, ham, ham, ham, schon fällt der Stamm, ham, ham, ham, bildet einen Damm, ham, ham, ham, für die Bahn."

Quasi einen Bahndamm, einen Bahndamm auf dem Bahndamm. Er hält die Bewegung der Bahn an!

Das ist doch die Höhe! Mann oh Mann, bald ist jemand dran.

Wann, wann?

Später, viel später!

Na, dann ist ja noch genug Zeit zum Bremsen!

Stimmt!

Mann oh Mann, dann ist also doch keiner dran? Keiner? Es gibt keine Geschädigten?

Das gibt's doch nicht! Nein, das gibt's nicht!

Pacific Railway machte im letzten Quartal an der Wallstreet schwere Verluste durch Biber, die mit ihren ungezügelten Aktivitäten wichtige Bahnstrecken oft tagelang lahm legten, was die Aktionäre auf die Barrikaden brachte.

Schon seit Tagen ist die Wallstreet blockiert.

Rien ne va plus!

Dennis Igelbrink

Treppenhausdämonen

Zu spät für den zärtlichsten Kuss der Sonne
entriss ich mich der treuen Liebe der Nacht.
Auf der Treppe dann stieg mir der Zweifel,
der listige Geck, fröhlich grüßend entgegen,
nur müde und ergeben konnte ich ihm begegnen.
Aber als die Gänge seine Häme wiederholten,
fand ich mich schon im eigenen Schweiße baden,
ich beobachtete meinen Willen am Werk walten
und offenbar recht wenig auf den Kasper geben,
im Keller kichert er nun vor Wänden verlegen.
Früh genug, um dem Leben Aufwartung zu bereiten,
die beste Energie in den Tag fließen zu lassen,
die Beste, die ich aufbringen kann, hier ist sie.
Mein Wille gibt sie gerne her, gibt sie als Kuss
dem Tag, der immer eine Nacht auf mich warten muss.
Versteht er es nicht, ihm gebe ich alles hin
mit Freuden, bis ich am Boden zerstört liege
und sie, die Nacht, mich heilt und ich wiege
mich nach der Hitze in der Brise, in den Schlaf,
draußen vor dem Fenster, auf der Straße tanzt
indes der Geck vorfreudig blökend wie ein Schaf.

Gerda Jaekel

Der Deutsche und seine Märchen
(eine Betrachtung)

Deutschland ein Märchenland? Seine Ureinwohner heißen Deutsche. Es gibt wohl kein vergleichbares Volk wie das der Deutschen, welches sich mit seinen Märchen und Sagen so sehr identifiziert hätte. Sie interessieren sich fur Märchen? Sie haben gar ein ganz bestimmtes Bild von den Deutschen? Warum identifiziert sich nun der Deutsche so sehr mit seinen Sagen und Märchengestalten? Dies wollen wir heute einmal gemeinsam untersuchen und ein bischen herausstellen. Ich gehe bewusst den provokanten Weg und behaupte schlankweg, jeder Deutsche ist eine märchenhafte Figur, pardon Märchenfigur.

Ich meine damit eine innere Annahme an eine aussagekräftige Märchengestalt. Nun, warum das so ist und mit welcher Märchenfigur sie sich ausschließlich anfreunden, ja sich sogar in ihr erkennen, oder aber auf der gleichen Wellenlänge liegen – rein gedanklich – möchten wir für uns selbst einmal beleuchten. Nun das „Alles", liebe Leser, überlasse ich letztendlich Ihren Bedürfnissen. Zu dem einen oder anderen Märchenwesen eine bestimmte Zuneigung zu finden. In unseren Kinderstuben, habe ich gehört, werden wieder vermehrt Märchen vorgelesen. Und da wird so mancher stiller Märchenkorn gesetzt. Und dann heißt es auch wieder öfter: „Ach bitte, lies mir doch das Märchen von dem Kater vor, du weißt schon, der mit den Stiefeln." Stolz hebt der Vater an, seinem Sprössling die guten alten deutschen Märchen, wie etwa die von den Gebrüdern Grimm u.a., vorzulesen. Und jedes Fernsehprogramm verblasst vor der erhobenen Stimme des Familienoberhauptes, wenn es da heißt: „Aber Grossmutter, was hast du nur für ein entsetzlich großes Maul?"

Die dankbaren Zuhörer sind noch ein Stückchen weiter unter ihre Nachtdecke gekrochen, und ja, selbst die Mutter lauscht ergriffen an der Tür. So hat sie ihr Ehegespinst noch nie vortragen hören. So lässt sie es sich nicht nehmen, am darauffolgendem Tag gleich ihr Können in Aktion zu setzen. „Spieglein, Spieglein an der Wand", tönt es nun mit weiblicher Stimme aus dem Kinderzimmer.

Ach ja, Sie erinnern sich, es ist doch noch nicht so lange her, einige wackere Zeitgenossen haben denn auch die Marktlücke sogleich erkannt. Schließlich hören auch Erwachsene noch gerne stilvoll erzählte Märchengeschichten. Denn in der Zwischenzeit haben sich reinste Zünfte an Märchengesellschaften aufgetan. Wie wir nun sicherlich bei so einem regen Märcheninteresse bemerken, weisen selbst bei uns nahestehende Menschen gewisse Züge an Märchenfigur ähnlichem Charakteren auf. Davon können selbst Psychologen ein Lied singen. Nur zu gerne nimmt ja der kindliche Charakter – oder sagen wir besser das kindliche Gemüt – erzählerische Eigenschaften von Märchenfiguren in sich auf, die hier so lebhaft dargestellt werden. Im späteren Erwachsenendasein versuchen manche geschickt, Eigenschaften der einmal verinnerlichten Märchenfigur zu kaschieren.

Wie dem auch sei. Sehen wir uns doch einmal ungeniert bei unseren lieben Zeitgenossen und Zeitgenossinnen um. Sehen Sie sich doch nur einmal in deutschen Gärten um. Was fällt Ihnen da auf? Na was? Da steht u.a. Schneewittchen mit seinen liebevollen Zwergen in einer Blumenecke. So mehrfach im Urlaub gesichtet. Oft überraschen wir uns dann plötzlich , wenn wir irgendeinen Vers aus jenem Märchen zitieren. Losgelöst vom Alltagsstress fallen uns dann noch manch andere Zitate ein.

Tief drinnen im Hain bei meinen Lieben hörte ich mich plötzlich sagen: „Ihr habt drei Wünsche frei, aber überlegt gut, denn sie werden sogleich in Erfüllung gehen und müssen wohlüberlegt sein." Was soll ich sagen, wie die erste Wunschregung meiner Leute ausgesehen hat? Es war ein Trauerspiel, kaum drei Stunden auf

Schusters Rappen unterwegs, wollten sie sofort auf der Stelle ein Tischleindeckdich erstehen lassen. Und was folgte daraus? Der Wald lichtete sich nach einer knappen Viertelstunde Fußmarsch und vor unseren Augen lag so mir nichts, dir nichts eine Sommerraststätte für müde Wanderer. Mit einem freudigen Hallo, wurde die Festung erstürmt. Und nachdem der erste Hunger gestillt war, ging es so an die zweite Wunschbestellung an die gute Fee.

Ich machte noch einmal auf die unbedingte Überlegung des Wunschdenkens aufmerksam, um so ein weit größeres Potenzial an Möglichkeiten bei meinen Kandidaten hervorzuholen. Aber wie befürchtet, war es fast zu spät. Die heraufdräuende Mittagshitze hatte ihr Gehirn erreicht und so sehnte man sich nach einem kühlen Bad. Kaum war der Wunsch ausgesprochen, erschien vor glückstrahlenden Augen der Hinweis: ,Fünf Minuten bis zum Waldbad.' Nichts wie hin. Mein Feenherz pochte laut. Umsonst machte ich die Wunschanwärter auf die Größe eines weltbewegenden einmaligen Geschickes und Geschenk des himmlischen Kreises aufmerksam. Der Hinweis, es doch einmal mit weitreichenden Wünschen, wie etwa die auf Gesundheit und Glück in allen Lebenslagen zu versuchen, ging schon gleich nach dem ersten Bad unter.

Lachend und prustend ob einer glückseligen Erfüllung ihrer Wünsche schien der Tag ein voller Erfolg zu sein. Der jugendliche Drang – so schien es – hatte sicher vorrangig Gewicht. Auf der letzten Wanderroute musste ich sie noch vor Sonnenuntergang auf die dritte Wunschaussage bringen. Ich bat sie also noch einmal um gute Überlegungen eines Ausspruchs in Sachen Wünsche. Und es war mir niemals ernster dabei. Aber was soll ich sagen? Der momentane Körper war ihnen so lieb, dass jede sich bestmögliche Gelegenheit einer Bequemlichkeitserlangung – obwohl ja 94 ein recht heißer Sommer war – sofort nach Erquickung drängte. Wie sollte ich es ihnen auch übelnehmen, müde, nur allzumüde saßen sie da am Busbahnhof einer selten angefahrenen Ortschaft. „Ein Bus muss her", sangen sie nun im Chor. Ein Himmelreich für einen Bus. Wir standen natürlich auf der falschen Straßenseite. Und so hätten wir bis zum nächsten Tag dort gestanden, wenn nicht einer von uns neugierig um die weitere Straßenecke geschaut hätte. Und da stand er, die dritte Sofortwunscherfüllung, der Postbus zum Urlaubsquartier. Ich habe nie frohere Stimmen ertönen hören, als es hieß: „Hierher Leute, der Bus steht hier drüben, schnell, wir haben noch ganze drei Minuten Zeit." Dem Rufer schlug man anerkennend auf die Schultern und mir machte es gar nichts aus, als Märchenfee versagt zu haben. Vielleicht würde es ja ein andermal dabei klappen, ganz bestimmt.

Barbara Jung-Steiner

Ich gibt es nicht

Du
nimmermüde Liebe
bleib
in dem Versteck
hinter den
Mauern
meiner Stärke

Er
ewig wacher Hass
geh
aus dem Weg
vor den
Gräben
meiner Schwäche

Sie
diese Gegensätze
braucht
ein Mensch
um Hoch-Tief
zu
überleben

Es
das Kind
Friedfertigkeit
es ist
gestorben.

Detlev Krause

Das Ende vom Deichgraf
(Nach Theodor Storm)

Auf seinem Schimmel reitet er zu später Stund'.
Verzweifelte Rufe reißt der Sturm aus seinem Mund.
Seinem Schimmel gibt er die Sporen
Und hofft, es sei noch nichts verloren.
Die Mantelschöße flattern gleich Flügeln im Wind,
er denkt an sein Weib und an sein Kind.

Und er fleht Gott um Hilfe an,
denn die Pflicht hielt ihn fest in ihrem Bann.
Ihre Katen und Marschen sollte schützen sein neuer Deich,
nur den Leuten war das ziemlich gleich.
Vor der Flut wollte er Mensch und Vieh retten.
Doch Unwissenheit hielt sie fest wie Ketten.

Denn finsterer Aberglaube ließ die Menschen zweifeln
Und gar mancher den Bau verteufeln.
Etwas „Lebiges" sollte begraben sein in des Deiches Grund,
allein der Bauherr konnt's verhindern, in letzter Sekund'.
Jetzt drückt die See schwer gegen den Deich.
Der Neue hält stand, doch der Alte wird weich.

Im Sturmgebraus hört man donnernde Hufe
Und immer wieder flehende Rufe.
Es ist der Deichgraf auf seinem Schimmel.
Stoßgebete schickt er in den Himmel,
Sein Deich hat standgehalten,
gegen die himmlischen Naturgewalten.

Doch das tosende Meer drückt tonnengleich
gegen den alten und brüchigen Deich.
Mit seinem Schimmel fliegt er auf den Deichen,
denn er muss die Männer schnell erreichen.
Sein neues Werk wollen sie durchstechen,
um so die Wucht der Fluten zu brechen.

Trotzdem nimmt die Katastrophe ihren Gang,
begleitet von Sturmgeheul und Glockenklang.
Der Bruch vom alten Deich ist nicht mehr abzuwenden,
Menschen und Vieh müssen qualvoll verenden.
Die furchtbaren Wassermassen kommen ungehemmt,
fruchtbares Land, die Marschen werden überschwemmt.

Da! Plötzlich sieht er sein Gespann mit Weib und Kind.
Sie preschen ihm entgegen im heulenden Wind.
Und er sieht sie fahren in ihr Verderben.
Er kann's nicht verhindern, sie werden sterben!
In den tosenden Fluten versinkt sein Glück,
nur schäumende Strudel bleiben zurück.

Und so verliert er allen Mut.
Er konnte nicht aufhalten die Flut.
Hätte er doch zu Ende sein Werk gebracht,
das Glück seiner Hallig hätte für immer gelacht.
So aber sieht der Mond in schicksalhafter Nacht,
wie auch Reiter und Ross sich den Tod gebracht.

Weil er sieht, er hat alles verloren,
gibt er seinem Schimmel zum letzten Mal die Sporen.
Sein Blick ist jetzt wild und leer.
Er zwingt sein Pferd und sich ins tosende Meer.
Und mit einem letzten verzweifelten Schrei,
ist des Deichgrafens Leben für immer vorbei.

Doch findet er keine Ruh' im Totenreich,
heuer begegnet man ihm auf seinem Deich.
Eine dunkle Gestalt im kargen Licht ist zu erkennen
mit bleichem Antlitz, in dem zwei Augen brennen.
Lautlos fliegt die Erscheinung an einem vorüber,
und schließlich sieht man sie nicht wieder.

Ingrid Krome

Was wäre wenn?
Wer stellt die Frage nicht im Leben?

... wenn alle Menschen friedlich lebten?
... wenn Liebe für alle Menschen kritiklos wäre?
... wenn Kinder überall sicher wären?
... wenn Pflege für Alte und Kranke selbstverständlich wäre?
... wenn alle das Eigentum des Anderen achten würden?
... wenn niemand hungern müsste?
... wenn Mensch und Natur im Einklang wären?
... wenn jede Arbeit geschätzt würde?
... wenn jeder seinen Glauben leben könnte?
... wenn Frau und Mann überall die gleichen Rechte hätten?
... wenn weder Stand noch Geld so wichtig wären?
... wenn Gier, Hass und Neid ein Fremdwort wären?
... was wäre wenn ...
    dieser Traum Realität werden würde?

Annemarie van der Linden

An den Mond

Auf dem Mond will ich sein
ganz allein,
ohne Sorgen,
nicht denken an Morgen.
Auf die Dauer
liegt die Gefahr
auf der Lauer,
dass ich einsam werde,
kehre wieder zurück zur Erde.

Mond und Sterne,
euch hab' ich aber gerne.

Ilonka Martin

NIE wieder Krieg!

Partizipation einer imaginären Reise.
Ab in den Urlaub! Wohin? Wähle nun!
Lieber in den Osten oder Westen?
Ich kann mich nicht entscheiden.
Flieger in die Ukraine oder Krim?
Abschuss schon bei Ankunft? Nein – also wohin?

Russische Soldaten stehen am Pass.
Alles schreit: „Macht Platz, macht Platz!"
Ich erwarte Reservierung ganz schnell.
Turbomäßig ins Hotel.
Das Taxi nimmt mich auf. Endlich am Ziel.
So setze ich auf meinen CO2 Fußabdruck –
und werde im Nu auf Druck
geschleudert an die Wand.

Ukraine im Bombenhagel! Kein Witz –
europäische Kriegsgeschicht'.
Russland, Großvater Land, mit Wodka durchtränkt,
greift wieder an.
Sturm auf Ukrainer, wie (k)grimmig!
Sind doch eigentlich Brüder – unsinnig?

Wie lange noch denken und handeln,
beenden den undankbaren, ungewollten Krieg!
Widergutmachung in naher Zukunft?
Macht, Erpressung, Verletzung – Vernetzung.
Ende mit Verlust – in Deckung der Frust.

Vergessen sind Mensch und Tier? Es waren doch hier!
Machenschaften krumm und schief.
Glauben, Vertrauen – alles Gute siecht.

Es wird Zeit – Monsterzeit ist um!
Täter, Opfer und Verletzte kehren um.
Das Ende des Krieges naht zum Positiven.
Nicht mehr warten, hoffen und bangen.
Angreifer sind befangen.
Gefangen in einem dummen Stolz.
Wahnwitzig, katastrophal und ausgenutzt,
verwirrt und krank mit irrem Realismus.

So hofft er allzumal auf eine Zeit des Zaren,
der er ist entronnen und entkommen?
Phantast und Realist mit Tücke und List,
Hinterhalt und Betrug – ein Versuch –
einen Krieg zu gewinnen, der im Voraus verloren,
vom Volk abgeschworen – verachtet und unerwünscht.

Imaginäre Reise in einem europäischen Kriegsgebiet.
Auf der Landkarte sehe ich dies.
Krieg in Europa? Undenkbar, unfassbar.
NIE wieder Krieg! Ein Schwur. Wer bin ich nur?
Ein anteilnehmender imaginärer Mensch.

Hannelore Neumann

Der Weg wird heller beim Sonnenschein,
ich begrüße den Weg und lade ihn ein
mit meinen Gedanken zu wandern,
von einer Seele zur andern –
durch Glück und Trauer,
durch Denken und Handeln,
auf den Lebenswegen der Zeit –

Rolf von Pander

Für bewohnbare Erde
Klimagerechtigkeit
(Warum Klimaschutz Platz 1 an Dringlichkeit heute hat)

Im Zusammenhang mit dem Treibhauseffekt gibt es zwei Begriffe, die recht neu sind, aber schon im Zusammenhang mit dem Treibhauseffekt sehr wichtig sind:

1. polare Verstärkung (engl. polar amplification)
2. Permafrost (engl. permafrost)

Zur Bedeutung:

*   Polare Verstärkung: Das Verhältnis zwischen polarer Temperaturänderung und durchschnittlicher globaler Temperaturänderung (Glossar S. 190 in Eelco J. Rohling: Die Klimafrage, Frieling, 2021, und Erläuterungen in Kapitel 5.2, S. 138-139 – eine Übersetzung aus dem Englischen).
*   Permafrost: A thick layer beneath the surface of the soil that remains frozen throughout the year (Pocket Oxford English Dictionary, Oxford University Press, 2013).

Die polare Verstärkung kommt hauptsächlich zustande durch Schmelzen der Eisfläche vom Nordpol mit Flächenreduzierung und Eisverdünnung und auch kürzeren Schneeperioden in weit nördlichen Landgebieten, was die Aufnahme von Sonnenerwärmung erhöht.

Dies führt dort u.a. zum erheblichen Folgeeffekt zusätzlicher Erwärmung gegenüber dem globalen Mittel an Klimaerwärmung. Dies hat ein schnelleres Abtauen der oberen Permafrost-Schichten in den nördlichen Erdgebieten zur Folge, was die in den Permafrost-

Schichten eingeschlossenen und Klimaerwärmung bewirkenden Treibhausgase schneller freisetzt.

Dies macht Hilfe und Handeln für Klimaschutz so dringlich! *)

*) weitere Literaturhinweise dazu u. a. in:

S. Rahmstorf, H. J. Schellnhuber: Der Klimawandel, C.H. Beck, S. 58 der 8. Auflage (2018)

Mojib Latif: Globale Erwärmung, UTB, S. 102 (2012)

Christian-D. Schönwiese: Klimawandel kompakt, Bornträger, S. 44 und S. 108 (3. Auflage 2020)

Eelco J. Rohling: Rebalancing Our Climate, OXFORD University Press, 2022, S. 26-29 (2022)

Ipcc (Intergovernmental Panel on Climate Change): Climate Change and Land), Cambridge University Press, S. 184, 357, 382 (2022)

J.L. Lozán, H. Graßl, S.-W., Breckle, D. Kasang, M. Quante: WARNSIGNAL KLIMA, Climate Engineering in der Diskussion, Wissenschaftliche Auswertungen (in Kooperation mit GEO, 2023, zur Buchreihe 1989-2023)

Nachwort

„Wie kann es die menschliche Kultur bloß schaffen, Interesse für Klimaschutz zu heben"(?), mögen Sie sich möglicherweise fragen, wenn Sie mal am frühen Morgen auf einer Bank sitzen, um auf den Sonnenaufgang zu warten. Oder Sie machen einen Spaziergang durch Wiesen und Felder und nehmen wahr, wie Pflanzen und Blumen sprießen und staunen, was die Schöpfung so alles hingekriegt hat: Ein kriechender Regenwurm am Boden, zwitschernde Vögel auf Bäumen oder am Himmel, Fliegen und Mücken jagend. Ein Andermal hatten Sie bei einer Ausflugsreise möglicherweise mal eine Führung mitgemacht und über die räumliche Höhe eines Kirchengewölbes gestaunt – zusammen mit farbenprächtigen Kirchenfenstern und geschnitzten Skulpturen in ästhetischer Pracht: Ein Beispiel für schöpferische Schaffenskraft des Menschen. Tatsächlich angenehme Entspannung, die ein Waldspaziergang oder ein Konzert klassischer Musik oder eine Ode an die Freude einströmen lassen, helfen entspannt das Gemüt aufzubauen und Kraft zu sammeln, mit der tägliche Arbeitsverrichtung besser fließt. Solche Entspannung und Sammlung vermag neue Kraft, Interesse oder sogar Begeisterung wie bei Sport und Spiele einfach aufzubauen helfen – an solchen gesegneten Tagen schaffen Sie einfach mehr – schon erlebt (?).

Es ist tatsächliche diese gute, frohgelaunte optimistische Stimmung mit der fürs Tageswerk mehr erreicht wird.

„Wir schaffen das" – ein oft gehörter Ausdruck unserer langjährigen Bundeskanzlerin Angela Merkel – passt daher besser zu erhabener, hoffnungsvoller Stimmung als zu etwaiger Besorgnis bei Anforderungsdruck durch reichlich viel Bürokratie und Gesetzesvielfalt, die die meisten Bürger überfordern und – leider – ausbremsen.

Somit, „Wir schaffen das" schenkt auch unseren Kindern neue Zukunftshoffnung. – Schließlich sind auch unsere Schulen wieder geöffnet!

Aber eine besondere Bitte an Ausbildende sei genannt: Bitte erklärt sorgfältig Begriffe fürs Verstehen, um für die Dringlichkeit von Klimaschutz Bürger leichter mitnehmen zu können. Ein herzliches Dankeschön!

Beispiele „ipcc" als häufige Abkürzung:
IPCC (Intergovernmental Panel on Climate Change – Zwischenstaatlicher Ausschuss für Klimaänderungen – kurz oft Weltklimarat genannt) …
(aus WARNSIGNAL KLIMA, (obige Literaturliste), S.321, GLOSSAR: Erläuterung von Fachbegriffen, S.320-323)

Klimaschutz von und für Kinder

Schockierend überraschend:
Dringlichkeit von Klimaschutz lässt sich kinderleicht verstehen

Lassen Sie mal an einem schönen Tag von einem Kind eine von der Sonne erwärmte dunkle, schwarze Fläche und eine daneben befindliche helle, weiße Fläche berühren.

Frage dazu: „Welche Fläche ist wärmer, welche kälter?"

Antwort: „Die dunkle Fläche ist wärmer, die weiße Fläche kälter."

Stellen Sie am besten gleich anschließend die Frage: „Wenn am Nordpol durch Eisschmelze die hellen Flächen gegenüber früher abnehmen, dunkle Meeresoberflächen dagegen zunehmen, wird es dadurch am Nordpol wärmer oder kälter?"

Antwort: „Es wird dadurch dort wärmer."

Schockierend überraschend:
Ein wirksames Wärmepumpenprinzip ist auch schon kinderleicht zu verstehen

Voraussetzung: Etwas Erfahrung beim Aufpumpen beziehungsweise Luftablassen vom Fahrradschlauch.

Zwei Fragen dazu: 1) Wenn aufgepumpt wird, bleibt das Ventil gleich warm, oder erwärmt es sich?

Zur Antwort: Selber herausfinden, einfach fühlen.

2) Wenn man die Luft über das Ventil wieder hinausströmen lässt, wird dadurch das Ventil

a) wärmer

b) kälter

oder c) weder wärmer noch kälter?

Antwort zu 2): kälter, also b) ist richtig.

Schockierend überraschend:
Hierauf lässt sich das Prinzip der Wärmepumpe kinderleicht
erläutern

Wir nehmen einen luftdichten Kasten (für etwas Überdruck) und stellen ihn ins Wohnzimmer.

Wir nehmen einen zweiten luftdichten Kasten (für etwas Unterdruck).

Diesen tun wir in einen Behälter im Keller. Diesen Behälter füllen wir mit einer Mischung aus Wasser und Eis und lassen einen Hohlraum für Luft darüber.

Und jetzt nehmen wir noch zwei Schläuche mit jeweils „eingebauter Luftpumpe" und schließen sie für den Winter so an, dass die Luft im Behälter mit einer Temperatur um 0°C (wegen Gemisch aus Eis und Wasser) – analog zum Aufpumpen des Fahrrads – in den Kasten im Wohnzimmer gepumpt werden kann. Diese Luft ist dort, weil sie unter dem Druck des Pumpens zusammengedrückt wurde, ein Stückchen wärmer als die Luft zuvor im Behälter und der Kasten im Wohnzimmer ist so zu einem Heizkörper gemacht worden.

Für den Sommer verfahren wir anders herum:

Wir schließen die Schläuche für den Sommer so an, dass, die Luft aus dem Kasten im Behälter (im Keller), die wir ähnlich wie Luft im Fahrradschlauch unter höherem Druck gehalten hatten, unter Abkühlung ins Wohnzimmer entweichen kann. Zudem hatte sie sich zuvor im Kasten im Behälter mit dem Wasser-Eis-Gemisch bei 0°C kühlen können. So haben wir für den Sommer unsere Klimaanlage.

Und wir führen jeweils über einen Schlauch die Luft wieder zurück, machen einen Kreislauf daraus.

Somit kann dieser spielerische Zusammenbau aus zwei Kästen, zwei Schläuchen mit zwei eingebauten Pumpen, einem mit Gemisch aus Eis- und Wasser gefüllten Behälter im Sommer kühlen, im Winter heizen.

Dabei wird im Winter Wasser im Behälter zu Eis gefrieren, während erwärmte Luft in den Kasten im Wohnzimmer gepumpt wird und im Sommer Eis im Behälter zu Wasser auftauen, während gekühlte Luft ins Wohnzimmer entweicht.

Natürlich kostet das Pumpen von Luft etwas Energie (Stromverbrauch), aber beim Entweichen ließe sich über eine Art „Windrad" ein Teil der zuvor fürs Pumpen verbrauchte Energie zurück gewinnen. Also benötigt unsere Konstruktion insgesamt vier Schläuche, zwei mit eingebauter Pumpe und zwei mit eingebauten „Windrädern". Aber damit ließe sich dem Energie-einsparenden Prinzip der Wärmepumpe durch teilweise Energie-Zurückgewinnung entsprechen!

Danksagung: Mein Dank gilt dem Rundfunk, der diese „recht neu erscheinende Wärmepumpenkonstruktion" vor einigen Monaten mit einer Sendung über die Arbeit eines „Hobby-Tüftlers" zum Publikum kommunizierte, auf dessen Eindruck die Feder für obige Erläuterung geführt wurde.

Nachwort

Ich würde nicht daran zweifeln, dass Klimaschutz von und für Kinder weitere leicht verständliche „Kinderüberraschungen" bereithält, so dass die drei Worte unserer langjährigen Bundeskanzlerin Angela Merkel „Wir schaffen das" – auch zu Klima- und Artenschutzgelten mögen. Dank dafür!

Zu El Nino Southern Oscillation (ENSO)

Zur möglichen Situation besonderer Trockenheit für den Sommer 2023 in Deutschland mag aus der Quelle

ipcc
Intergovernmental Penal on climate change
Climate Change and Land
An IPCC Special Report on climate change, desertification, land degradation, sustainable land management, food security, and greenhouse gas fluxes in terrestrial ekosystems, Cambridge University Press, 2022, ISBN 978-1-009-15801-5

auf einen Hinweis zur möglichen Fernwirkung von El Nino verwiesen werden:

Zitat aus dem Glossary, Annex I, S. 811, des genannten Reports, zum Eintrag EL Nino-Southern Oscillation (ENSO), vorletzter Satz:

„ … It has climatic effects throughout the Pacific region and in many other parts of the world through global teleconnections."

Übersetzt von mir:

„… Es hat klimatische Effekte hindurch der Pazifischen Region und in vielen anderen Teilen der Welt durch Fernzusammenhänge."

Als ein Tipp in Schlussfolgerung dazu: „Besonders verantwortliche Verwendung der Ressource Wasscr sci für diesen Sommer ans Herz gelegt!"

Wetter-Kapriolen infolge Treibhaus-Effekt?
Ein einfacher Deutungsversuch

Zunächst zum Begriff Kapriole:
1. Luftsprung, 2. Übermäßiger verrückter Streich (aus lat. caper (Ziegenbock)), Brockhaus/Wahrig.

Wir wissen mittlerweile, dass Schmelzen und Ausdünnung des Polareises sowie kürzere Schneeperioden in den Wintern nördlicher Breiten zu einem verstärkten Treibhauseffekt in nördlichen Breiten beitragen. Dies heißt aber auch, dass neben einer Verschiebung von Klimazonen nach Norden hin auf der nördlichen Halbkugel bei der allgemeinen Klimaerwärmung der Temperaturunterschied zwischen Äquator und Nordpol abnimmt. Damit benötigt die Erde einen etwas kleineren Energieaustausch für den Fluss der größeren Sonnenerwärmung in Äquatornähe gegenüber nördlicher Breiten. Für die mittleren Breiten der Westwindzirkulation ist damit der Bedarf für Energieaustausch auch reduziert. Hier herrscht allgemein unbeständige Witterung mittels Bildung und Wanderung von Tiefs und dazwischen Hochs. Ein Tief bildet sich – einfach erläutert – durch Temperaturunterschiede zwischen Luftmassen, die unter von wellender Höhenströmung angeregter Hebung etwa einen Punkt an Labilität überschreiten, ab der sich die rotierende Luftströmung eines Tiefdruckgebietes ausbildet. Unter einer in der Regel wellenden Höhenströmung kommt es so zu einer Reihe von Tiefs zwischen Hochs, die meist etwa eine von West nach Ost gerichtete Verlagerung aufweisen.

Wichtig hierbei ist: Die Entwicklung eines Tiefs ist ein labiler Vorgang, der vom Temperaturunterschied zwischen kühlerer und wärmerer Luft in Schwung kommt. Grob gesprochen sind die sich ausbildenden Tiefs unterschiedlich kräftig – gemäß einer gewissen Intensitäts-Verteilung (von schwach bis kräftig). Sie alle tragen in unserer Westwindzone zu einem Energieaustausch zwischen den angrenzenden nördlicheren und südlicheren Regionen bei, die wir für unsere Überlegungen betrachten. Aber hier kommt eine Krux (lat. Kreuz) auf durch einen sich abschwächenden Bedarf des Energieaustausches zwischen höheren und niedrigeren Breiten: Damit verbleiben die Tiefdruckgebiete im Mittel eher etwas schwächer (wobei wir hier zu einer vereinfachten Überlegung von Schauer- und Gewitterbildung in Tiefs in diesem Absatz noch absehen). Diese Abschwächung der Entwicklungschancen könnte gemäß labiler Entwicklungs-Mechanismen zu Tiefdruckgebieten im Mittel womöglich etwas mehr ausmachen, als die oben angesprochene Abschwächung des Temperaturunterschiedes der unterschiedlichen Klimaerwärmung der Nordhalbkugel. Fazit: Wenn es so ist, dann verbliebe in einer über einen gewissen Zeitraum hinweg betrachteten Bilanz gegenüber dem Zustand ohne dieser Krux ein (etwas) schwächerer Energieaustausch zwischen Nord und Süd in unserer von Hochs und Tiefs gestalteten Witterungszone.

Aber die Natur hilft sich teilweise dadurch, dass die Luftströmungen in unserer Breiten öfters einen Trend zu etwas stärkerer Mäander-Bildung erfahren können, das heißt, von Süden her nach Norden erfolgende Warmluftvorstöße sind dann eher etwas stärker ausgeprägt und/oder etwas länger andauernd (im Sommer Hitzestress-Lagen) und im Winter zeigt ein Kaltluftvorstoß von Nord nach Süd etwas häufiger den Trend, weiter südwärts vorzudringen (vergl. Blizzard: Schneesturm in Nordamerika). Die momentan in der Erläuterung noch außen vor gelassenen (nicht berücksichtigten) Schauer und Gewitter weisen übrigens auf einer wärmeren Erde den Trend auf, stärker ausgeprägt zu sein. Dies liegt daran, dass sie wesentliche Energie aus kondensierendem Wasserdampf mit Wolkenbildung und in ihren Tops zusätzlich über Eiskristall-Bildung erhalten, während unter höherer Temperatur der Klimaerwärmung die Atmosphäre die Möglichkeit hat, mehr Wasserdampf unter Verdunstung aufzunehmen (infolge des maximalen temperaturabhängigen Speichervermögens von Luft für Wasserdampf).

Infolge davon kommt es mit der Treibhauserwärmung häufiger zu besonders kräftigen Schauern und Gewittern und damit verbundenen unwetterartigen Starkniederschlägen, Hagelschlag und Überschwemmungsgefahren und ähnlichen extremen Wetterkapriolen wie die der Ahrtal-Überschwemmungskatastrophe.

Achtung, die mit ungleichmäßiger Klimaerwärmung nordwärts gerichtete Verschiebung der Klimazonen, womit sich der Ring der Westwindzone unbeständiger Witterung zusammenzieht, wodurch sich die Ring-Linie für Energieaustausch verkürzt, wird über das Wegschmelzen arktischen Eises gefördert.

Beides, diese Verschiebung sowie der gemäß des kleineren Temperaturunterschiedes zwischen Nordpol und Äquator schwächere Bedarf an Wärmetransfer im Bereich der Westwindzone, trägt zeitweise dazu bei, Hitzewellen und Trockenperioden in unseren Breiten zu verlängern, während gleichzeitig winterliche südwärts gerichtete Kaltluftvorstöße unter sich kaum verlagernden Tief- und Hochdrucklagen leichter noch weiter südwärts vorstoßen könnten. Dies beträfe möglicherweise nicht nur Nordamerika, sondern auch Teile Europas, da über verstärkte Eisschmelze ins Meer mehr eingemischtes Süßwasser der Salzgehalt im nördlichen Atlantik bei Island abnimmt, dadurch Meereswasser bezogen auf Volumen leichter wird und in Folge davon als Antriebskraft für ein Absinken in die Tiefsee an Kraft verliert, wodurch der Golfstrom als winterliche Fernheizung für Europa an Stärke verliert mit Einfluss auf globale Meeresströme und Wasseraustausch mit der Tiefsee.

Warnsignale als Vorbote einer kostspieligen Klimakatastrophe sind voll da. Während Klimaschutzbewegungen höchste Eisenbahn an Dringlichkeit zum Ausdruck zu bringen versuchen, verkörpern sie gleichzeitig Hoffnung auf erheblich mehr wirksames Handeln für Klimaschutz.

Diese Hoffnung lässt sich verstärken mit Hilfe des Verstehens und durch viele gute Ideen aus praktischen Erfahrungen sowie wissenschaftlicher Forschung, zu der Resultate aus aller Herrenländer für eine optimierende Auswertung einbezogen werden mögen. Vergleichende Auswertungen neben gesundem Menschenverstand lassen daraus die besten Tipps finden.

Bewertung von Machbarkeit von wirksam helfenden Beiträgen für Klimaschutz in kritischem Zeitrahmen, stellen eine wichtige wegweisend ergänzende Aufgabe dar (Daten hierzu in: Eelco J. Rohling, REBALANCING OUR CLIMATE, OUP, 2022, Kapitel 4.6, 5.7 und Folgende).

Warum sollte Klimaschutz mit all dem, was dem Menschen heute an Wissen verfügbar ist, nicht als hoffnungsvolle Morgenröte einer am Horizont aufgehenden Sonne stark aufblühen?

Stellen Sie sich vor, sie packen beherzt mit an, unseren Kindern eine bewohnbare Erde zu übergeben. Stellen Sie sich das einfach heute bildlich vor: Unsere Erde dem Menschen, dem Tier, der Pflanze schön bewohnbar zu übergeben – mitzuwirken für den Spatenstich zum Garten Eden der Zukunft unserer Kinder und Enkel. Wie soll der Garten Eden aussehen?

Genießen Sie ein schönes Gefühl und Neugierde beim Erträumen hiervon …

Möge Ihr schönstes Bild mit göttlicher Hilfe in Erfüllung gehen! Herzlichen Dank!

Heidi Petersen

Beklagenswert

Wie kann ich mein Alltagsleben fröhlich gestalten?
ganz einfach: durch positives Verhalten.
Wir haben verlernt, die kleinen Dinge zu schätzen,
weil wir von Flaute zu Flaute hetzen.

Die Unzufriedenheit, z.B mit dem Wetter,
ist für viele der einzige Einstieg in eine Unterhaltung,
und die bekommt noch mehr Schwung
durch den Regen von übermorgen,
wird dadurch jedoch nicht netter.

Glück zu haben, ist nicht schwer,
man muss es nur erkennen.
Ich stolperte über den Bordstein,
doch ein Baum fing mich auf.
Ich entging einem Unglück
und beendete froh meinen Lauf.

Man muss wirklich üben,
jeden Tag das Schöne zu sehen,
dann kann einen nichts betrüben,
und man kann sogar anderen abgeben.

Porilo

Ferrigö aus Gallimö

Im Fischerdorfe Gallimö
bekam das Mädchen Ferrigö
als sie das Licht der Welt erblickt
ein leeres Täschchen zugesteckt.

Als sie dann etwas älter war
fragte sie die alte Omama
für was das Täschchen wär.
So sprach die alte Omama,
ich sag's dir, setz dich her.

Fünf Federn gäb es zu erringen,
doch nicht jedem wird's gelingen.
Alle hätt bis jetzt noch keiner,
leider auch nicht meiner einer.

Eine, zweie wurden oft gesehen,
Dreie würden auch noch gehen.
Viere hätte sie noch nie erblickt
und Fünfe wären das Überglück.
Fünfe sind für Auserwählte,
ihre Tasche da nur Zweie zählte.

Wann krieg ich so ein Federding
hätte Ferrigö nun gern gewusst.
Die Omama erklärt den Sinn,
so dass ihr alles nun bewusst.

Eine Feder steht für Reichtum,
doch nicht im materiellen Sinn,
vielmehr für die Erleuchtung,
dass ich selbst ein Reichtum bin.
Dass es keine Grenzen für mich gibt
und ich alles kann erreichen,
wann und wo es mir beliebt,
das hebt mich ab von meinesgleichen.

Die zweite steht für Schönheit,
aber nicht die Äußere ist gemeint.
Die Erkenntnis innerer Schönheit,
die Schönheit, die in allem wohnt.
In allen noch so unscheinbaren Wesen
lässt sich pure Schönheit lesen.
Erkennen musst du es jeden Tag,
dann die zweite Feder kommen mag.

Die dritte steht für reine Harmonie,
tiefe Ruhe und Zufriedenheit.
Ruhelose finden diese leider nie,
diese wohltuende Glückseligkeit.
Innere Ruhe gibt dir unendlich Kraft
den Herausforderungen des Lebens
mit richtigen Antworten zu begegnen,
so dass man wirklich alles schafft.

Wer die vierte Feder hat
besitzt das zweite Gesicht.
Der sieht die Farben satt
in gleißend, weißem Licht.
Wandelt in fremden Welten
sieht Dinge zauberhaft und selten.
Bist gewandert du in diesen Sphären
die vierte Feder wird dich wählen.

Die Fünfte steht für Göttlichkeit,
die tief in jedem von uns steckt.
Hast du sie gefunden, ist's so weit,
Du hast die Unendlichkeit geweckt.
Du fühlst die Energie aller Leben
durch deinen eigenen Körper fließen,
bist von göttlicher Strahlung umgeben
und gefüllt mit unendlichem Wissen.
Hast keine Fragen mehr an die Welt,
kein Verlangen nach banalen Dingen,
du erkennst der Dinge wahren Wert,
unwichtig ist gelingen oder nicht-gelingen.
Du fügst dich ein in den Weltenfluss,
lebst jede Sekunde mit großem Genuss.

Und bist du ungeduldig zum Ziel zu kommen,
dann freue dich auf jedes große Leid,
versuche gestärkt und klüger zu entkommen
das verkürzt auf jeden Fall die Wartezeit.

Wendelin Schlosser

Marsch durch das Leben

Es schnürt mir die Kehle, es nimmt mir die Luft
Acht Millionen Kinder in einer Gruft
Acht Millionen in so einer kurzen Nachkriegszeit
Schwestern und Brüder, das ist mit viel Blut durchtränktes
Leid!
Deutschland hat brutal acht Millionen abgetrieben
Das Land muss lernen, das Leben zu lieben
Deutschland, deine Zukunft gibt mir wenig Mut
Denn deine Hände sind besudelt mit Blut!
Wie konntest du deine Kinder so abgrundtief hassen?
Und sie, die unschuldigen Lämmer, abschlachten lassen?
Das Land hinterlässt eine blutige Spur!
Deutschland ist kein Land der Willkommenskultur!
Die Zange hat sich festgebissen
„Mama, ich werde dich vermissen!"
Die Zange zog erst am Arm, dann am Bein
„Mama, ich bin so schwach, ich bin so klein
Mama, es tut so schrecklich weh!"
Draußen fiel der erste Schnee
Der Winter hat Einzug gehalten
Später wird der Lenz im Lande walten
Mit der farbenfrohen, sagenhaften, bunten Pracht
Wird er vertreiben die Kälte und die lange Nacht
Dann macht der Sommer sich im Lande breit

Hurra, Hurra, es ist die Badezeit!
Der Herbst ist stets edel, er ist hold
Die Blätter sind aus purem Gold
Die Jahreszeiten bleiben für das Kind verborgen
Man wird das Baby wie ein Ungeziefer entsorgen!
„Liebe Mama, warum muss ich so leiden?
Weshalb lässt dieser Mord sich nicht vermeiden?
Warum muss ich aus dem Leben scheiden?"

Hans-Joachim Schorradt

Das Leben lebt von Widerspruch

Das Leben lebt von Widerspruch,
ist oft sich selbst ein rotes Tuch,
doch bringt es so sich selbst in Fahrt
und lebt erst auf oft solcherart
– was fast ausgeschlossen wäre,
käm' Vernunft ihm in die Quere
und richtet' auf System es aus
– wär' auch die inn're Spannung raus
und daher die Lust am Leben,
die Zufall und Kontra geben,
ohn' die es nüchtern, kalt und klar,
sehr ernst und gradaus eilt zur Bahr'.

Närrischer Ständestaat

Wie für von erstem Stand sich hält,
wer wo erzählt,was da gefällt
und glaubt fest an so Meriten,
die – zu narren – Narren bieten;
so auch die Mitte schwankt und wankt,
doch sich grad dieser Weis verdankt
und beklatscht so Narrenpossen,
los von da und dort geschossen;
dem letzten Stand auch das gefällt,
dass man auch den zum Narren hält,
hat auch seinerseits so Riten,
seine Narrheit darzubieten.

Barbara Stenzel

Alltag in der City

Tauben picken die Brotkrumen, die Reste
will vom Tag einfach das Beste
Sitz allein bei einem Tee
das Kind nebenan schläft, achjeh
Die Sonne glitzert auf Pflastersteinen
seh Menschen hier, die toll sich meinen
genieß den Feierabend
freu mich auf gleich
gieß später noch Blumen am Gartenteich
Meine Freundin auf Sylt zurzeit ist
und ich hüte den Garten bis zur Wochenendfrist

Blütenduft

Blumenduft liegt in der Luft
Reste vergangner Tage lasten schwer auf meiner Seele
Der Regen spült fort Geschehnisse der letzten Tage
Traurigkeit legt sich wie ein Teppich über den Morgen

Ein Korb voller Glück

Sitze am moosbewachsenen Hang
Wird mir die Zeit nicht lang
Genieß einen leckeren Kaffee
Und viele fröhliche Menschen seh
Bin bei einem Gartencaté
Freu mich an der Buchsbaumallee

Mach gleich einen Obstkuchen fein
Bin ganz gerne mal allein
Seh dem Tag wieder positiv entgegen
Schick Dir Sonnenstrahlen – nicht nur Regen
Wünsch Dir Glück an diesem Tag
Einen ganzen Korb voll, so viel man mag.

Astrid Türke

Gedankensplitter anno 2023

Ich stelle mir vor, dass jeder Mensch der Erde einmal in seinen Leben den Kosmos betritt und seinen Heimatplaneten aus der Sicht des Weltalls betrachtet. Welch Gefühl übermannt ihn? Zettelt er dann immer noch Kriege an? Bringt er dann immer noch einen von seinen Mitbürgern aus niederen Beweggründen einfach um? Stiehlt er auf dem Wochenmarkt Obst und Gemüse, das eine arme Alte aus ihrem Garten verkauft, um sich ein wenig ihre bescheidene Rente aufzubessern? Welche Moralvorstellungen bewegen ihn?

Aber wer fliegt schon freiwillig in das All? Nur Kosmonauten oder Astronauten oder Wissenschaftler zu einem kleinen Außenposten – genannt ISS – die forschen, wie unsere Welt erhalten werden könnte ... Wer hat das Geld dafür, in den Weltraum zu starten? Wer gibt ihm das? Reicht ja nicht für rund 8 Milliarden lebendige vernunftbegabte Wesen ...

Somit bleibt diese Vorstellung ein unerfüllbarer Wunsch und eine gute Fee hilft da auch nicht. Wir müssen es schon selbst tun. Da hilft kein Gott und kein Tribun. Es sei denn, uns gelingt es, die Vernunft wieder aus dem Urlaub zu holen ... Was sollen denn unsere Kinder von uns denken, dass wir ihnen ihre Zukunft in Schutt und Asche versenken? Sei es durch Krieg oder Waldbrände oder ungeheure Wassereinbrüche! Die Welt brennt und keiner ist bereit zum Löschen? Eigentlich besitzt der blaue Planet Wasser genug – wenn es sinnvoll eingesetzt wird. Eine bessere Lösung wäre sicherlich jedoch, die Umwelt zu schützen und sie einfach zu erhalten! Die Erde ist schließlich liebens- und lebenswert! Man muss mahnen – nicht werben. Man kann es auch mit viel Herz probieren ...

Ich – ich jedenfalls klebe mich nicht an – weil es sinnlos ist. Und auch nicht hilft!!

Ich habe es erlebt

Jürgen Heider

Ich bin nicht wie du

Das bin ich und das bist du.
Nicht du sondern ich.

Ich bin nicht wie du.
Ich denke anders.
Bin anders.

Du bist nicht wie ich, sondern
anders, als ich.

Verschieden, so wie das Leben,
das ich lebe.

Lothar Hutz

1973

Als ich neulich mein Arbeitszimmer aufräumte, stieß ich auf eine ADAC Motorwelt-Zeitung aus dem Jahre 1973. Erinnerungen wurden wach an ein Jahr, in dem ich mich mit meiner späteren Ehefrau verlobte. Beim Durchblättern des Magazins fiel mir sofort ein Artikel über französische Badeküsten auf. Unsere Verlobung hatten wir nämlich in der Bretagne gefeiert.

Unvergesslich ist die erste Übernachtung in der französischen Provinz. Meine Freundin Helga und ich waren noch Studenten und natürlich knapp bei Kasse. Ich hatte von meinem Vater den VW-Käfer ausgeliehen. Aber eine Übernachtung im Hotel wollten wir uns leisten. Den Verlobungsring habe ich dann feierlich meiner Angebeteten überreicht. Die Nacht war ziemlich unruhig. Helga knipste andauernd das Licht an und aus, um nachzusehen, ob der Ring noch auf dem Nachttisch lag. Außerdem war es im Zimmer so heiß, dass ich Helga ein paar kalte Halswickel machen musste. Eine Klimaanlage in unserem Einsternehotel gab es natürlich nicht. Aber das machte uns überhaupt nichts aus, wir waren ja frisch verlobt. Am nächsten Morgen gab es ein typisch französisches Frühstück mit Café au Lait und ‚Baguette', dazu noch etwas Marmelade und Butter. Das Weißbrot war ziemlich hart, es war wohl vom Abend zuvor übrig geblieben. 1973 gab es noch kein Frühstücksbuffet.

Frisch gestärkt fuhren wir weiter nach St. Malo. Es war Mittagszeit und wir wollten uns etwas gönnen. Nach kurzer Suche landeten wir in einem kleinen Restaurant, das ‚Steak Frites' anpries. Noch bis heute erinnere ich mich an das ‚Verlobungssteak'. Am späten Nachmittag kamen wir dann im Segelzentrum von Trebeurden an. Wir hatten einen einwöchigen Segelkurs gebucht. Auf dem Campingplatz von Trebeurden waren noch genügend Stellplätze frei

70

und wir konnten sofort unser Zelt aufschlagen. Das Zweimannzelt hatte ich gebraucht gekauft und dementsprechend sah es auch aus. Der Verkäufer war aber ehrlich gewesen und hatte mich gewarnt, bei starkem Regen könnte es hineinregnen. Helga und ich waren optimistisch und ignorierten die nahenden Regenwolken. Es würde bestimmt nicht so schlimm werden. Natürlich wurde es wieder eine unruhige Nacht, da der Regen seinen Weg ins Zelt fand. Doch unsere Regenjacken verhinderten das Schlimmste.

Am nächsten Morgen schien die Sonne und ich wollte unbedingt eine warme Dusche nehmen. Das Waschhaus war leer, ich warf die geforderten Münzen in den Automaten und wartete sehnsüchtig aufs warme Wasser. Leider blieb das Wasser kalt und bibbernd lief ich zum Zelt zurück, wo schon meine Verlobte wartete. Als ich ihr vom kalten Wasser erzählte, lachte sie nur: „Da hast du bestimmt zu wenig Geld in den Automaten geworfen." Gespannt, eingehüllt in einen dicken Pullover, wartete ich auf die Rückkehr meiner Helga. Nach einer halben Stunde kam sie fröhlich angerannt: „Ich hatte wirklich warmes Wasser, es war herrlich. Und ich brauchte überhaupt keine Münzen in den Automaten werfen." Ich bin fest davon überzeugt, dass Helga meine Münzen abgeduscht hatte. Das war doch ein prima Verlobungsgeschenk von mir gewesen. Die folgende Woche mit dem Segelkurs war ein voller Erfolg, da unser Segellehrer sehr geduldig war. Ohne ihn hätten wir wohl mehr Zeit im Wasser als im Boot verbracht. Seine mahnenden Worte: „Regardez le foc!" (Auf das Focksegel aufpassen!), klingen mir heute noch in den Ohren. Auf der Rückfahrt nach Deutschland mussten wir natürlich noch einmal in unserem „Verlobungshotel" übernachten. Mittlerweile hatte sich Helga den Verlobungsring an den Ringfinger gesteckt und brauchte keine mehr Angst zu haben, er würde über Nacht verschwinden. Dafür hatten wir in unserem Doppelbett eine Matratze erwischt, die so durchgelegen war, dass wir in der Mitte ständig zusammenrollten. Aber wie gesagt, wir waren frisch verlobt, verliebt und es machte uns überhaupt nichts aus.

Rückblickend kann man sagen, dass 1973 ein herrliches Jahr war. Der Himmel hing voller Geigen und die Zukunft sah rosig aus. Der Tourismus boomte auch damals schon. Im ADAC Magazin hieß es in einer Anzeige: „Egal, ob Sie auf einer Kreuzfahrt die kalte Pracht von Spitzbergen, die Akropolis oder die Lorelei sehen wollen – vierzehn schwimmende Erstklaßhotels legen in diesem Sommer mit ADAC-Gästen an Bord ab mit Kurs auf ferne Ufer in Europa, Afrika, Asien, Australien und Amerika." Aber in den siebziger Jahren fing man auch an, ernsthaft über die Grenzen des Wachstums nachzudenken (Club of Rome). Heute, fünfzig Jahre später, sucht man immer noch nach Lösungen.

Ingrid Karner

Empörung und Tränen
beim Bericht über
Einzelheiten aus dem Krieg
von nebenan
die Frau, die Wasser holen will
doch der Brunnen ist zugefroren
kein Strom in der Stadt
„Im Haus ist fast alles zerstört,
nur mehr ein Zimmer ist
einigermaßen heil geblieben.
Ich hoffe, den Winter
zu überleben",
sagt die 76-jährige Frau.
„Und permanent fielen Bomben,
Raketen, Granaten,
und immer traf es die Menschen
die hier leben."

Unsere Vorstellungskraft
ob wir sie überhaupt zulassen
ist nichtssagend im Vergleich
zur Wirklichkeit dieses Krieges
wir haben Sorgen mit uns
und der Welt

aber wir dürfen abschalten
ohne den Terror der Angst
ohne Nähe des Todes
ohne den Verlust unserer Liebsten
die noch leben könnten
wenn es das Ungeheuer Krieg nicht gäbe

Das Unrecht gebiert Unrecht über Unrecht
Trümmer über Trümmer zeugen davon
und das unfaßbare Leid der Menschen
in ihrer Mitte

Brigitte Koch

Der Werdegang einer Hamborner Karnevalistin

Drei Monate vor Kriegsausbruch wurde ich im Juni 1939 geboren. Die ersten sechs Jahre meines Lebens verbrachte ich in Kellern, Bunkern, brennenden Städten und in angsteinflößender Umgebung. Nach dem II. Weltkrieg hatten die Bürger immensen Nachholbedarf. Fast jeder benötigte Unterstützung, und so half man sich gegenseitig. Neben harter Arbeit wurde auch gerne gefeiert. Bei Hausfesten war es üblich, dass die musikalische Untermalung durch die eigenen Kinder erfolgte. Neben instrumentaler Beteiligung wurden alte und neue Schellackplatten von Electrola (His masters voice) auf dem Grammophon mit seitlichem Handaufzug abgespielt. Für uns Kinder war es neben der eigenen Hausmusik immer ein großer Spaß. Eine gute Nachbarschaft wurde gepflegt. So wurde auch der Karneval gemeinsam mit Alt und Jung kostümiert gefeiert. Jahre vergingen. Obwohl das Leben seinen Tribut forderte, brach sich doch meine rheinische Frohnatur immer wieder Bahn.

Erst in späteren Jahren, empfohlen von Freunden, habe ich eine aktive Mitgliedschaft bei der I. Großen Karnevalsgesellschaft Rot-Weiß Hamborn-Marxloh 1958 e.V. beantragt. Da ich Berichte für unsere Vereinszeitung schrieb und Dekorationen malte, fragte mich im Jahre 2011 unser Präsident: „Hast Du Lust, die Gestaltung des Kinderwagens zu übernehmen?"

Der „Kinderwagen" ist ein ca. acht Meter langer ehemaliger Coca-Cola-Wagen als rollender Untersatz für unsere Kindergarde während der Festumzüge. Die Bemalung sollte 2012 zu den Piratenkostümen der Kinder mit dem Motto „Peter Pan" passen. Ich entwarf auf DIN A4-Bögen Piratenszenen, Schiffsbug mit Takelage, Palmen, Hai-verseuchtes Meer, Kämpfe um eine Schatzkiste und eine Schatzinsel, denn unter letzterem Begriff sollte der Wagen angemeldet werden. Meine Entwürfe wurden vom Vorstand angenommen. Günstige Preisabsprachen für den Kauf von Farben, Lackstiften, Pinseln, Rollen etc. für die große Doppelfläche wurden vereinbart. Damals wohnte ich noch in einem Haus, in welchem mir drei beheizbare Keller zur Verfügung standen. 28 Bretter mit Nut und Feder, je 61 cm breit und 2 m hoch, wurden mir nach Hause geliefert. Das Problem war nur, dass 2 Kellerräume nur 1.90 Meter hoch waren.

Zunächst habe ich die Bretter weiß grundiert und nach Trockenzeit beidseits noch einmal mit hellblauer Vorstrichfarbe coloriert. Nun sollten die konzipierten Figuren Gestalt annehmen. Mit Hilfe eines Overhead-Projektors bestimmte ich die Größe der Figuren und zeichnete mit Bleistift die Konturen vor. Für die farbliche Gestaltung konnte ich nun meiner Fantasie freien Lauf lassen. Besuch bekam ich selten, denn die trocknenden Bildtafeln schreckten manche Mitbürger ab, zumal meine Kleidung selbst einer Farbpalette glich. Nach Fertigstellung der Platten für die erste Fahrzeugseite folgte die spiegelverkehrte Malerei für die gegenüberliegende. Ich bemalte immer drei Platten im Verbund als zusammenhängende Szene. Nach und nach leerten sich die Keller, die ersten fertigen Bretter wurden abgeholt. Mit dem Holzaufbau in unserer vereinseigenen Wagenhalle konnte begonnen werden. Motivgerecht wurden die Teile zusammengeschoben und am Wagen angeschraubt. Um den Kindern später den Einstieg zu ermöglichen, musste ein Plattenteilstück herausgesägt werden, wobei mein „Lieblingspirat" kurzzeitig enthauptet wurde. Obwohl er beim Schließen der Lücke seinen Kopf wiederbekam, fand ich es etwas makaber und ungalant.

An die dreimonatige Bemalung denke ich gerne zurück, obwohl ich manche schlaflose Nacht vor den Bildern verbracht und über Farbharmonie oder Verbesserungen nachgedacht habe. Ich mag die karnevalistische Tradition mit Maß und Ziel, Brauchtumspflege, harmlosem Spaß an der Freude und geselligem Miteinander mit ehrenamtlicher und selbstloser Beteiligung der Vereinsmitglieder.

Seit 60 Jahren veranstaltet unser Verein den größten Kinderkarnevalszug Europas. Alle zwei Jahre beehren uns die Blumenkönigin mit Gefolge und der Bürgermeister von Puerto de la Cruz de Tenerife. Wenn der „Hoppeditz" erwacht im November eines jeden Jahres und in der Hamborner Abteikirche für die bevorstehende Session der Segen erteilt wird, sind alle voller Vorfreude und Erwartung. Unsere Stadtwache Hamborn, unsere drei Garden sowie die Damen der Showgruppe „Teuflische Engel" haben fleißig für die Sitzungen Tänze einstudiert.

Nach Aschermittwoch beginnt die Fastenzeit. Aber wie heißt es so schön: „Die fünfte Jahreszeit ist vorbei, die nächste steht bevor."

Charlott Ruth Kott

Der Krauter

Eine erlebte Geschichte

Was eine kleine Rose bewirken kann! Es war ein außergewöhnlicher Tag im August, was der sonnige Morgen versprach, hielt bis zum Abend an. Laura arbeitete am Vormittag in der Akademie auf der Hohen Festung Salzburg. Der Kurs „Malerei nach Art der Alten Meister" war bisher ein Erfolg, Der Kursleiter Arik Brauer, ein bekannter Maler, hatte viel Geduld und ging auf jeden Teilnehmer ein. Am Morgen kam er auch immer an meinen Arbeitsplatz. Seine erste Frage lautete: Wie geht es Dir? Meine Antwort oft: Mir geht es gut, meinem Bild nicht! Er setzte sich dann vor meine Leinwand und machte nur zwei Pinselstriche, ich staunte! Das kleine, so entstandene Ölbild auf Leinwand, habe ich noch immer.

Der gesamte Lehrgang war Freude und harte Arbeit zugleich. Alle Teilnehmer freuten sich nun auf ein ruhiges Wochenende. Samstags war nur bis 13 Uhr Unterricht in den Räumen der Festung und somit am Nachmittag frei für eigene Unternehmungen, oder einfach nur um auszuspannen, neue Ideen und Kräfte zu sammeln. Auch Laura freute sich auf den freien Tag. Nach dem Verlassen der Atelierräume schlenderte sie zur Zahnradbahn. Je näher die Station in Sicht kam, desto lauter wurde das Stimmengewirr der Touristen. Alle wollten immer so schnell als möglich hinauf zur Festung und danach wieder schnell hinunter in die Stadt fahren. Laura spürte das Gedränge der Menschen unangenehm im Rücken, ohne jedoch berührt zu werden. Wie oft in den letzten Tagen beschloss sie deshalb, lieber zu Fuß zu gehen. Trotz des Rucksackes, der schwer auf den Schultern lastete, begab sie sich zum Fußweg, der in die Stadt führte. Auf die vollbesetzte Bahn konnte sie gern verzichten. Die Menschen hinter sich zurücklassend, bewältigte sie beschwingt den steinigen, unbequemen Sandweg nach unten. Beim Betreten des Domplatzes überkam sie auf einmal Ferienstimmung. Sie atmete die Luft des Sommertages tief ein und ließ sich im Strom der Menschen treiben. Ihr Weg führte durch die Judengasse und die Salzgasse bis zum Marktplatz, wo geschäftiges Markttreiben herrschte. Es war Mittag und Marktschluss für diesen Tag. Eifrig wurde aufgeladen, eingepackt und der Stand gesäubert.

Marktluft, Düfte von Kräutern und Esswaren strömten über den Platz, sie liebte diese Atmosphäre. Die Pfiffe und Rufe der Marktfrauen und Männer hallten durch die engen Gassen der Stände. Aufgeregte Bürger oder Touristen wollten wie immer noch in letzter Minute Obst, Gemüse, Blumen und andere Waren kaufen. Sie debattierten in verschiedenen Sprachen und Dialekten mit den Verkäufern. Laura erfreute sich am Dialekt der Österreicher Bürger. Für sie, die aus Norddeutschland kam, war es wie eine andere Sprache. Sie ging zu den schon geplünderten Blumenständen und scharrte mit ihren leichten Sandalen in den Abfällen von Blumen und Zweigen. Das musste für vorübergehende Betrachter ein lustiges Bild sein.

Laura war eine junge Frau von fast fünfzig Jahren, mit langen wuscheligen, braunen Haaren, die sie zu einem Zopf gebunden hatte. Sie trug ein Kleid aus blassblauem Leinen, das zu groß für sie wirkte. Unpassend dazu der schwarze, lederne Rucksack. Viel jünger und mädchenhaft sah sie aus. Ein Blumenstand hatte es ihr angetan. Auf dem feuchten Boden zwischen Stängeln und Blättern sah sie eine Rose liegen. Rot leuchtend, unversehrt und eingebettet in viel Grün. Laura bückte sich blitzschnell und nahm sie an sich. Ebenso schnell verließ sie lachend den Marktplatz. Eine gelassene Fröhlichkeit erfüllte sie nun ganz und gar. Das Gewicht des Rucksackes, der mit Malutensilien gefüllt war, hatte sie längst vergessen. Im Gehen entfernte sie die Dornen der Rose und stand unvermutet vor dem Marionettentheater und betrachtete das Programm. An diesem Abend sollte das Ballett „Der Nussknacker" aufgeführt werden.

Laura wusste, dass die Musik dazu aus dem Festspielhaus übertragen wurde. Wie immer im August fanden zur Zeit die Salzburger Festspiele statt. Doch für eine Aufführung im Festspielhaus konnte sie sich keine Karte leisten. Einige Male gab es in der Akademie Karten zu den Proben für die Studenten. Diese wurden verlost, doch Laura ging leider leer aus. Blitzschnell kam ihr der Gedanke am Abend in die Vorstellung zu gehen. An der Kasse fragte sie nach einer Karte. „Alles ausverkauft", sagte die Kassiererin und ging weg. Nun kam ein älterer Herr in grüner Livree aus dem Kassenhäuschen. Lächelnd ging er auf die bestürzt dastehende Laura zu.

„Oh, Sie wollen mir eine Rose schenken, das find ich gar zu charmant von Ihnen", dabei streckte er gleich beide Hände danach aus. ‚Große Hände', registrierte Laura und stotterte verlegen: „Ja, sicher, doch eigentlich möchte ich eine Karte für den heutigen Abend kaufen." Sie sah den Mann mit ihren großen dunkelbraunen Augen bittend an. ‚Er sieht aus wie der längst verstorbene Schauspieler Hans Moser', ging es ihr dabei durch den Sinn. Zumal er auch genauso nuschelte. „Na ja, vielleicht kann oder will ich Ihnen helfen, ich habe heute am Abend Dienst. Wenn eine Karte zurückgegeben wird, oder sich etwas anderes ereignet, könnte es gehen. Kommens am Abend einfach zu mir. Die erste Reihe im Parkett ist allabendlich für Ehrengäste reserviert und immer bleiben Plätze frei, schad drum. Ich könnt ja an Sie denken." „Das wäre zwar wunderbar, doch bezahlen kann ich diese Plätze nicht", sagte Laura und richtete den Blick zu Boden, als wollte sie die Brettchen des Parkettes zählen. Lauras Herr Moser rieb sich wissend die Hände: „Ach, Erzählens nicht so ein Schmarrn, Sie haben doch die Rose für mich", grummelte er wie zu sich selbst und betrachtete genüsslich die junge Frau. Laut erklang die Stimme der Kassiererin: „Josef, du wirst gebraucht, steh nicht immer mit den Weibsleuten herum."

‚Aha, Josef ist sein Name', dachte Laura. Er drehte sich ärgerlich zum Kassenhäuschen um und sprach in einem Dialekt mit der Kassiererin, den Laura nicht verstand. Noch immer verlegen und ohne

Worte reichte sie ihm die Rose, die rot war, so rot wie ihre Wangen und verließ das Theater. Laura konnte es selbst nicht fassen, was sie sich erlaubt hatte. Einem fremden Mann eine Rose zu schenken und um eine Abendkarte zu bitten! ‚Egal, was kann mir schon passieren?', dachte sie im Weitergehen. Lächelnd spazierte sie durch den Mirabellgarten über die Brücke zur Rainerstraße.

Die Sonne war angenehm, ein leichter Wind machte die Wärme erträglich, es roch nach dem großen Fluss, nach Sommer.

Beschwingten Schrittes betrat sie das Treppenhaus des Jugendstilhauses. Wie immer knarrten ihr die abgetretenen Holzstufen freundlich entgegen. Noch Fünf Stunden Zeit bis zur Verabredung im Marionetten-Theater und genügend zum Ausruhen.

Für die Zeit des Besuches der Sommerakademie in Salzburg hatte sie ein möbliertes Zimmer gemietet.

Das Haus und die Zimmer muteten auf die moderne, junge Frau seltsam antiquiert an. Das Zimmer mit Bad- und Küchenbenutzung wurde ständig an Studenten vermietet. Es hatte nur ein winziges Fenster und das zum Flur, also zum Treppenhaus. Die Bewohner dieser Etage und der Oberen, gingen ständig daran vorbei. Als Laura bei ihrer Ankunft die Kleidung in den großen Holzschrank räumen wollte, war er verschlossen. Auf die Nachfrage weshalb, sagte die Vermieterin: „In dem Schrank sind die Sachen des eigentlichen Mieters, der in den Semesterferien ist und daher ist er damit einverstanden, dass ich das Zimmer doppelt vermiete." Für die fünf Wochen des Aufenthaltes ginge es wohl auch ohne einen Kleiderschrank. An all das hatte Laura sich inzwischen gewöhnt. Das Fenster zum Flur blieb immer verschlossen, die weinroten Vorhänge auch tagsüber zugezogen. An diesem sonnigen Samstag wollte und konnte Laura diese unwesentlichen Dinge vergessen. Sie freute sich auf den bevorstehenden Theaterbesuch. ‚Hoffentlich bekomme ich eine Karte, das wäre ein Höhepunkt in meinem Salzburger Aufenthalt', dachte sie und summte vor sich hin. Unter der erfrischenden, prasselnden Dusche fiel ihr wieder die rote Rose ohne Dornen ein.

Als sie am späten Abend im leichten Sommerkleid mit noch feuchtem Haar das Foyer des Theaters betrat, begann ihr Herz ungewöhnlich zu rasen. An der Kasse saß wieder die unfreundlich wirkende Frau, deshalb traute sich Laura nicht nach einer Karte zu fragen. Sie schaute sich noch suchend um, als plötzlich ihr Hans Moser auf sie zugelaufen kam. Er ergriff vertraulich ihren Arm und sagte freundlich: „Ich bin heute der Platzanweiser und für die ersten Reihen sowie die Logenplätze zuständig. Allerdings ist bis jetzt noch keine Karte zurückgegeben worden. Wartens hier, das wird schon." Dabei zeigte er zur Seite auf eine rote, zierliche Polsterbank. „Ich hole Sie später ab, ganz sicher, auf mich können's sich verlassen", er blinzelte ihr verwegen zu. Laura setzte sich ungläubig und etwas verwirrt nieder. Würde er wirklich wiederkommen? Um sie herum ertönte das Stimmengewirr, der festlich gekleideten Theaterbesucher. Ein Duft von verschiedenen Parfümsorten lag süßlich schwer in der Luft. Es läutete einmal, zweimal, Laura glaubte nicht mehr an einen Einlass, als der Platzanweiser Herr Josef zu ihr trat. „Kommens kleines Fräulein, ich bringe Sie zu Ihrem Platz. Sie werden bestimmt eine gute Aufführung genießen können, ich hatte schon mehrmals das Vergnügen."

Laura zog hastig die Geldbörse hervor: „Was kostet die Karte?" „Nix da, nun kommens schon, die Vorstellung beginnt gleich. Sie haben übrigens längst bezahlt." Als Laura ihn fragend ansah, nickte er und flüsterte: „Wer schenkt denn einem so alten Krauter wie mir eine rote Rose?"

Sie waren inzwischen im Parkett angekommen, er drückte Lauras Hand und wies ihr in der ersten Reihe Mitte, einen Platz an. Er verschwand, bevor sie etwas erwidern konnte, der blaue Samtvorhang leise rauschend aufging und die Musik von Peter Tschaikowsky erklang.

Zur Rechten neben Laura saß ein junger Mann, der nach dem ersten Akt leise auf sie einsprach. Sie sah ihn nicht an, nickte nur, als er sagte, wie gut er die Vorstellung und die Musik fand. „Ist doch umwerfend die Musik und die Marionetten in Lebensgröße und wie finden Sie das Bühnenbild?", flüsterte er abermals. Erst in der Pause kamen sie in ein Gespräch und Laura dachte an den Krauter, der junge Mann sah ihm ähnlich und sprach den gleichen Dialekt. ‚Könnte sein Sohn sein', dachte sie belustigt. Er erzählte, dass er im Marionettentheater als Bühnenbildner beschäftigt sei und lud sie auf einen Kaffee in die Kantine des Theaters ein. Das interessierte sie natürlich so sehr, dass sie die Einladung annahm. Stolz erklärte der junge Herr seine Arbeit als Bühnenbildner. Es wurde noch ein wundervoller Abend. Sie verabredeten sich außerdem für den nächsten Tag, er wollte ihr Salzburg und die nähere Umgebung zeigen. Sein Name war ebenfalls Josef, kaum zu glauben. Reich an Eindrücken ging Laura an diesem Abend in ihr Zimmer in der Rainer-Straße, in das Zimmer mit Fenster zum Flur.

Für sie war es nicht nur ein Ballettabend, sondern ein Märchen, das mit einer Rose begann, die rot war.

Vielleicht würde es auch mit Rosen enden, denn Lauras Studium der Malerei an der Sommerakademie in Salzburg war noch nicht beendet.

Hanns Schneider

Andensinfonie

Das alte Lama Lobesam
Lahmt den Andenkamm entlang
Als es in einer Nische
Des hohen Katepetl
Ein Feuerchen entdeckt.
Es sind Klimaräuber
Wie es schnell erkennt
Die heimlich das Klima
Zu rauben sich erkühnt.
Doch das Lama schlägt Alarm.
Erscheint die Umweltpolizei
Verhaftet ohn' Widerstand
Die Bösen, die in einer Kiepe
Aus silbrig glänzendem Gestell
Die Beute schon verstaut.
Die Ranger öffnen das Gefäß:
Das Klima entschwebt unsichtbar
Ab in Richtung Sansibar.
Die Chance das Klima
Zu retten aber ist gering
Denn es ist ein flüchtig Ding

Kurt Strobl

War es ein Engel ?

Ob es Engel gibt? Engel, so wie sie bei jeder Weihnachtskrippe zu sehen sind? Na ja, wenn Sie mich das vor etwa acht Jahren gefagt hätten, dann hätte ich aus vollster Überzeugung nein gesagt, nein, gibt es nicht. Engel sind doch nur Phantasiefiguren, Bausteine im wackeligen Gebäude einer angeblich übersinnlichen Welt, uns vorgegaukelt in Kirchen, Synagogen und Moscheen. Und bin ich heute anderer Meinung dazu? Ja. Seit jenem Tag vor etwa acht Jahren würde ich auf diese Frage mit möglich oder vielleicht antworten.

Dieser Meinungsumschwung liegt aber nicht an meinem doch schon sehr fortgeschrittenen Alter. Nein, ich bin nicht kindisch geworden, wie man es alten Menschen manchmal nachsagt. Bin auch nicht gläubig geworden, angesichts dessen, dass ich ja wahrscheinlich nicht mehr sehr lange zu leben haben werde und man doch nicht weiß, was danach kommt. Nein, es war eine sehr reale Erfahrung, die mich dazu veranlasst, jetzt doch eventuell ein „vielleicht" in Erwägung zu ziehen.

Meine Enkelin war Mutter geworden. Das war Mitte Dezember. Sie lag in der Geburtsklinik und war, so wie man mir sagte, guter Dinge. Schließlich ist eine Entbindung für eine Frau zwar schmerzhaft, aber doch keine schwere Krankheit. Ich besuchte sie erst am dritten Tag nach der Geburt des Kindes im Spital. Nun nicht, weil ich das neue Kind nicht mag. Nein, ich bin sogar stolz darauf, nun Urgroßvater zu sein. Aber an den beiden Tagen vorher, da waren ja ohnehin alle weiblichen Mitglieder der Familie, Freundinnen und Kolleginnen um ihr Bett versammelt. Was sollte ich noch dabei? Am dritten Tag war die Sensation vorüber und ich war ihr einziger Besucher. Ein Pensionist hat schließlich immer Zeit. Oder auch nicht.

Da saß ich nun an ihrem Bett und wusste nichts zu sagen. Was versteht schon ein Mann von einer Geburt, von einem Säugling! Und überhaupt, intime Details erzählt man dem Großvater nicht. Der würde sie ja doch nicht verstehen. Um doch eine Unterhaltung zu Stande zu bringen, fragte ich sie, ob sie irgend etwas brauche. Nach einigem Hin und Her meinte die liebe Enkelin, sie brauche schon etwas und zwar ganz dringend, aber das könne ich ihr höchst wahrscheinlich nicht besorgen. Dazu sei ich nicht die geeignete Person. Das war nun absolut gegen meine Ehre. „Liebes Kind", sagte ich, „ich habe durch die Sahara gefunden und bei schlechtem Wetter durch die Dachstein Südwand. Ich habe eine Familie ernährt, was bekanntlich nicht ganz einfach ist und einen langen Krieg überlebt. Also was könnte es sein, das ich dir nicht beschaffen kann?" Sie sah mich daraufhin verlegen an und meinte dann: „Du Opa, ich brauche zwei Stillbüstenhalter! Und ob du so etwas für mich kaufen kannst, das weiß ich nicht." Dazu sagte sie mir noch eine Nummer, was wahrscheinlich eine Größenbezeichnung war. „Unsinn", entgegnete ich darauf. „Büstenhalter bekommt man in jeder Damenmodenabteilung eines Kaufhauses und wo ein Kaufhaus ist, das weiß ich. Also bis morgen!"

Am nächsten Vormittag stand ich in einem der großen Kaufhäuser in der Mariahilfer Straße, Abteilung für Damenunterwäsche. mutterseelenallein stand ich da. Nicht, dass ich der einzige Mensch hier gewesen wäre. Nein, es wimmelte nur so von Frauen, alten Frauen, jungen Frauen und auch Verkäuferinnen waren da. Es war ja kurz vor Weihnachten! Aber die Frauen sahen mich so komisch an, tuschelten und machten sich gegenseitig auf mich aufmerksam, wie mir vorkam. Für die Verkäuferinnen schien ich überhaupt Luft zu sein. Die schienen mich nicht zu sehen, waren zu sehr mit den weiblichen Kunden beschäftigt, oder taten zumindest so. Endlich gelang es mir aber, doch an eine dieser Damen heranzukommen und zu fragen, wo ich denn Büstenhalter finden könnte. „Rechts hinten", war die sehr knappe und wenig höfliche Antwort. Also suchte ich, wo rechts hinten war. Ich fand es. Es war ein Gestell, auf dem eine Unzahl dieser Dinge, die die weiblichen Oberweiten zu behüten hatten, hingen in allen nur möglichen Farben und Stoffarten, mit Nummern versehen, die wahrscheinlich die Größen angaben. Nur Stillbüstenhalter stand nirgends angeschrieben. Unschlüssig wie die besagte Kuh vor dem neuen Stalltor stand ich vor dem Regal und wusste nicht, was ich nun tun sollte. Nach kurzer Zeit war ich so sehr deprimiert, dass ich nahe daran war wegzugehen, mir einzugestehen, dass ich doch nicht fähig war, besagte Dinge zu beschaffen. Eine absulute Blamage hatte ich mir da eingehandelt! War wieder eimal zu großmäulig gewesen ...

„Was suchen Sie denn?", hörte ich plötzlich eine ruhige Stimme hinter mir. „Was suchen Sie denn, kann ich Ihnen helfen?" Und als ich mich umdrehte, stand da keine Verkäuferin, sondern eine gut gekleidete ältere Dame vor mir. „Was ich suche", stotterte ich verlegen, „ich suche, ich suche einen Büstenhalter, einen speziellen, von dem ich eigentlich nicht weiß, wie er aussieht." „Aber wozu brauchen Sie denn den?", fragte sie lachend. „Nun, für meine Enkelin. Die hat vor drei Tagen ein Kind bekommen und hat mich ersucht, für sie einen Stillbüstenhalter zu kaufen. Und ich habe natürlich keine Ahnung von so einem Ding! Steht ja nirgends angeschrieben." „Ist auch nicht nötig", meinte die Dame lächelnd. „Stillbüstenhalter sind vorne zu knöpfen. Man muss sie leicht öffnen können." Damit nahm sie zwei weiße Dinge vom Regal und hielt sie mir entgegen. „Aber wäre die Sache nicht vielleicht in Rosa oder Hellblau schöner, schicker?", meinte ich. „Es handelt sich ja um eine noch sehr junge Frau." „Unsinn", sagte meine Retterin bestimmt. „Ein Stillbüstenhalter muss oft gewaschen, ja ausgekocht werden. Da kann man nur weiß nehmen."

Triumphierend überbrachte ich meiner Enkelin am nächsten Nachmittag die bestellten Wäschestücke. „Opa", rief sie erfreut und umarmte mich, „Opa, dass du das geschafft hast!" Und ich brummte darauf wie nebenbei: „Warum hätte ich es nicht schaffen sollen!

Was ist da schon dabei, ein Wäschestück zu kaufen?" Natürlich sagte ich ihr nichts von den Schwierigkeiten, die ich bei diesem Einkauf hatte. Natürlich erzählte ich ihr nicht, dass ich schon nahe daran war, zu kapitulieren. Natürlich erzählte ich ihr nichts von der netten Dame, die mir behilflich war. Und am wenigsten sagte ich ihr, dass ich vermute, dass diese Dame eigentlich kein Mensch, sondern ein Engel war, ein Engel, den mir irgend jemand geschickt hatte, um mir Großmaul aus der Patsche zu helfen. Hätte ich mir denn damit den Ruf als Opa, der alles kann, verderben sollen?

Christine Stumpe

Begegnungen und Wahrheiten
Im Reiseland mit der Kunst

Es gibt kein Ort und blüht wie nie
Das ist das Land der Phantasie.
Und ziehst Du dort, und fühlst wie nie,
Das ist das Feld der Poesie.

So oder ähnlich fühlten die alten deutschen Dichter, wenn sie unsere gute alte Heimat beschreiben. Auch ob nun der Nahe Osten oder Westen von Leipzig, als ich dieses Jahr in die Lande zog, um ein wenig Urlaub zu machen und das Umfeld zu genießen. Es begann mit einer Reise an die Schaddelmühle an der Mulde bei Grimma zu Freunden eines Theaterprojektes. Wir wollten ein Bühnenbild schaffen und die Rollen mit Leben erfüllen. Mit Kindern und Erwachsenen wurden aus Latten und Pappenbahnen links und rechts für die Bühne schroffe Felsen geschaffen, die mit Grau und Silber besprüht wurden. Dazu eine Hinterlandschaft auf einer Leinwand mit Bergen, Menschen, Tieren, Pflanzen und Flugzeugen. Ukrainische Kinder waren auch dabei. Dazu ein Floß und ein Meer aus blauer Farbe mit Steinen, Muscheln und Fischen. Hinzu kamen weiter Kostüme mit Masken oder Hüten für Sterni, Quarzi, einer Schildkröte und dem Erdkern, Meteoriten und einer großen Erdkugel. Es wird die Entstehung des Lebens nach einem Einschlag mit Meteoriten bei Regen und Gewitter dargestellt. Die Abschlussveranstaltung fand als Kinderperformance im Oktober statt. Unabhängig davon absolvierte ich von Leipzig aus eine eintägige Busfahrt nach Rostock.

Dort erwarteten mich historische Segelschiffe und ein alter Eisbrecher. Er war gewiss 20 Meter hoch. Wir sahen auch „Minerva" und die „Gorch Fock". Bei Seemannsliedern, Shantys mit Akkordeon und Gitarre lauschten und erfrischten wir uns mit kühlem Wasser. Die Hanse Sail findet alle paar Jahre statt. Dazu gab es lustiges Eis und andere große Kinderfiguren von Märchen aus Hollywood. Wer wollte, konnte auch in die Marienkirche und sich die astronomische Uhr ansehen. Das Kloster mit seinen alten Mauern, einem Laden, Garten und Café stand hinter einem hohen Turm. Schnelle Touristen machten mit den Bahnen einen Abstecher nach Warnemünde. Die Hin- und Rückfahrt dauerte nach Rostock 10 Stunden und der Aufenthalt war 7 Stunden.

Am darauffolgenden Donnerstag durfte ich die Zucker- und Kinderwagenstadt Zeitz besuchen, um eine Szene für einen Film „Garten des Lebens" zu drehen. Die Kostümbildnerin wartete schon mit der Maskenbildnerin und einer zweiten anderen Komparsin auf uns und kleidete uns in grüne, dicke Kleider mit langen Bändern. In den Kostümen kletterten wir mit der anderen Komparsin, der Maskenbildnerin, den Kameraleuten und der Regisseurin auf eine baufällige Eisenbahnbrücke, wurden dort angebunden, setzten uns auf die Schienen und aßen mit verschiedenen Ritualen Brot. Dann ging es mit einem Seil wieder hinunter. Eine Person A lief zwischen uns. Der ganze Film konnte nun gedreht werden. Es ging in einem Garten weiter, an einer Mauer entlang und endete auf einem Friedhof.

Zu Hause traf ich einen sehr großen Schmetterling, der mich in beide Schultern stach und das eine Auge so anschwoll, dass ich nichts mehr sah. Am Sonntag kam endlich Roland, mit dem ich Auberginenauflauf mit Gehacktem essen und Kaffee trinken konnte.

Der ganze Spuk war vorüber.

Für Nähmaschinen

Hier meldet sich das Frauenatelier. Wir sind eine Mal- und Textilgruppe des Durchblick e.V. Leipzig. Am letzten Wochenende, freitags und sonnabends ist folgendes passiert. Wir absolvierten unseren eigenen Workshop im Nähen, einige malten, steckten und redeten.

D. Stegemann funktionierte in der Moderation, Diskutierende und Maschinenreparierende. Joe richtete die Nähmaschine ein, weil ich zwei Sommerkleider nähen wollte, die ich dringend brauchte, beide mit interessanten Mustern von Pilzen, das eine mit Maronen, das andere mit Fliegenpilzen und Pfifferlingen. Freitag 11.00 Uhr begann ich, mir den Schnittmusterbogen zurechtzuschneiden. Dazu wählte ich als erstes kurze Ärmel. Am Nachmittag nach der Kaffeerunde begann ich pünktlich mit der Arbeit. Leider wollten scheinbar die Ärmel nicht hineinpassen, nachdem ich die langen Nähte anbrachte. Bei den kurzen Nähten streikte immer wieder die Maschine. Passt hier besser eine Overlockmaschine? Am nächsten Tag bemerkte ich das Malheur, die Ärmel waren verkehrt herum von unten nach oben angenäht. Die anderen waren so beschäftigt mit reden und debattieren, sie hatten meine Not nicht bemerkt. Es ging dabei um den Wechsel des Energieanbieters mit WhatsApp, PayPal und um eine defekte Brille. Mehrere Male hatte ich G. Gruß um Ruhe bei der Arbeit gebeten, bis der Termin festgelegt war. Die Ärmel kann ich nicht wieder abtrennen, da der Stoff bei den kurzen Stichlängen kaputt geht.Das folgende passierte Samstag bei 37 Grad Hitze, nachdem Gespräche über Paris, Prag und Singapur stattfanden, neben Fuß- und Rückenhaltungen, bis der Faden der Maschine zu Ende ging und ich die beiden Ärmel des zweiten Kleides notdürftig reparierte und mit der Hand annähte.

Die beiden Kleider waren fertig und ich konnte sie anziehen. Der gesunde Salat von D. schmeckte und kostete 2 Euro. Ich freute mich auf das darauffolgende Bad. Außerdem hatte ich eine Menge Geld gespart, die Gruppe spendete noch den Faden, den Stoff hatte ich selbst bezahlt. Reißverschlüsse brauchte ich nicht. Die Gerüchte über Zwangsarbeit oder ein „Frauengefängnis" waren Vergangenheit.

Resümee: Es müssten mehrere Näherinnen zusammenarbeiten. Die Ärmel könnten über einen offenen Arm der Maschine gestülpt werden, besonders die längeren Ärmel.

Es könnte eine Einrichterin beschäftigt werden, die aufspult und beim Festhaken die Maschine in Ordnung bringt. Kleinere Pausen wären angenehm, mit Getränken und Snacks. Die Musik machen die Maschinen, ohne allzu viel Ablenkung. Viel Spaß!

Sura Zaler

Mir graust so sehr

Die Einen marschieren von links,
die Anderen von genau gegenüber,
die Einen Bajonette in der Hand,
die Anderen schreien nach Niedergang
der Klassen, Rassen und Mächtigen.

Mir graust so sehr vor der geballten Hand
der Einen wie auch der Anderen.
Sie rasen aufeinander zu,
bereit den Krieg anzufangen.
Halten das Eine für besser als das,
was die Anderen schon versaut,
und niemand kümmert's,
daß sie das Gleiche tun und wollen,
nur mit vertauschten Rollen.

Mir graust so sehr vor dieser Übermacht
der Fäuste, hinter Mänteln geballt,
und Polizei patrouilliert auf den Straßen,
bereit, einen Schuldigen zu finden.
Auf der anderen Seite wartet man schon
hinter Fenstern zwielichtiger Gegenden,
gebannt auf den einen Moment, den einen,
seine Wut an den Mann und die Menschheit zu bringen.

Ich gehe mit Angst durch die Straßen
verhöhnt zu werden von Passanten,
deren Gebrüll ich nicht verstehen kann,
·aber die bereit sind zu schlagen,
wenn's nur drauf ankommt, jemanden zu jagen.
Ich schleiche mich in mein Haus hinein,
niemanden zu erregen durch meine Gegenwart,
man weiß ja schon nicht mehr, wo jemand steht.

Ich will leben, ich will keinen Krieg,
weder den einen noch einen anderen,
mir liegen keine geballte Hand,
Bomben, Maschinengewehre und Ideologien,
ich scheue mich nicht wegzugehen,
meine Haut zu retten,
– wenn ich nur noch kann? –

Liebe ist nur ein Wort,
aber sie trägt alles,
was wir haben

Wolfgang Ahrens

Schmetterlingstraum

Gestern träumte ich, ich sei ein Schmetterling.
Gestern träumte ich, ich könnte fliegen,
mich frei und schwerelos im Duft- und Farbenrausch
flatterhaft im Winde wiegen.

Gestern träumte ich, ich sei ein Schmetterling
auf einer Sommerblumenwiese,
so im Augenblick, so in der Farbenpracht.
Ich sah dein Blau vorübergehn.

Gestern träumte ich, ich sei ein Schmetterling.
An einem Wildblumenmorgen
setzt' ich mich leise in dein weiches Haar,
ich war dir nah, ein Schmetterling ...

Doch vielleicht bin ich ein Schmetterling,
der geträumt, er wär ein Mensch,
der dich zärtlich in die Arme nahm;
gestern träumte ich – das war so schön.

Gestern träumte ich, ich sei ein Schmetterling.
Gestern träumte ich, ich könnte fliegen,
mich frei und schwerelos im Duft- und Farbenrausch
flatterhaft im Winde wiegen.

Wenn voller Liebe das Herz singt

Den Himmel möcht ich mit Farben bemaln,
wenn ich nur an dich denk.
Das Leben mit dir ist so wunderbar leicht,
die Liebe ist ein Geschenk,
deine Liebe – sie ist ein Geschenk.

Ich will leben wie im Traume,
der höchste König nur sein.
Wenn ich am Morgen erwache,
fällst du als erstes mir ein.

Wenn voller Liebe das Herz singt,
wenn die Gedanken sich drehn ...
Was Eis war, das wurde Feuer,
das kannst du am besten verstehn.

Mein Tag ist voller Freude,
du bist's, die mir so gefällt.
Die Liebe erfüllt doch die schönsten
Träume und Märchen der Welt.

Barbara Auer-Trunz

Als der „Kleine König" über die Achtsamkeit stolperte ...

Verschlafen saß der Kleine König in seinem großen Bett. Es war mit feinstem, rotem Samt überzogen und hatte am Kopfteil ein auffällig schönes, orientalisches Blumenmuster. Das prachtvolle, stattliche Bett war ein Erbstück seiner Familie und eigentlich viel zu groß für ihn, weshalb er sich darin oft verloren und einsam fühlte.

Manchmal erinnerte er sich daran, dass er einmal eine gewichtige Größe hatte, aber das war schon lange her. Es war sogar so lange her, dass er sich damit gar nicht beschäftigen wollte. Ein komisches Gefühl beschlich ihn dann und es war für ihn sehr unangenehm das auszuhalten.

Die frühe Morgensonne spiegelte sich leicht auf der seidenen Bettwäsche und kleine Lichtfunken tanzten hin und her. Er rieb seine Augen, machte ein paar ungelenke Bewegungen mit den Armen, streckte und reckte sich. Selbstverständlich wie jeden Morgen nahm er die Glocke und schellte nach dem Kammerdiener.

Henry und er kannten sich schon so lange er zurückdenken konnte. Seine unsichtbare Präsenz, das unauffällige bescheidene Auftreten, das Ausführen aller anfallenden Aufgaben ohne Widerspruch und seine bedingungslose Aufmerksamkeit hatten für den kleinen König oberste Priorität. Sie verstanden sich ohne Worte, meinte der kleine König. Einmal in der Woche, am Mittwoch, saßen sie zur blauen Stunde einige Minuten, oder auch etwas länger in der Bibliothek zusammen und der kleine König erzählte, was ihn gerade beschäftigte, oder wie es früher war ... Er schwelgte dann in Erinnerungen und genoss es, sich selbst reden zu hören. Seine Stimme fand er angenehm, obwohl sie ihm früher kraftvoller vorgekommen war. Henry hörte immer aufmerksam und interessiert zu, nickte hie und da mit dem Kopf und schenkte dem kleinen König volle Aufmerksamkeit. Ja, Henry war ein guter Zuhörer!

Der Kleine König schellte dreimal. Das war sehr ungewöhnlich für ihn und er spürte bereits ein leichtes Unbehagen. Mittlerweile zornig schwang er seine mageren Beine über den hohen Bettrand und suchte mit den Füßen ungeduldig seine Hausschuhe. Schuhe anziehen war nicht seine Angelegenheit, das gehörte zu den Aufgaben von Henry. Schließlich landete er kopfüber auf dem Fußboden und zappelte mit den Beinen wie ein kleines hilfloses Kind. Was sollte er denn tun?

Ohnmächtig harrte er eine ganze Stunde aus und wartete auf Henry.

Aber … Henry kam nicht!

Mittlerweile war es Mittag geworden, ohne Henry. Der Kleine König hatte in der Zwischenzeit ein paar Kleider gefunden, brauchte aber eine Weile, bis er sich selbst angezogen hatte. Er sah ziemlich schräg aus in seiner etwas seltsamen Kleiderwahl. Dass es bei Kleidern Vor- und Rückseiten gab, darauf hatte er nie geachtet, das machte Henry. Er wunderte sich nur, dass an manchen Stellen vorne weiße Etiketten hingen. So einer Anstrengung war er nicht gewachsen und Schweißperlen liefen ihm über das Gesicht. Henry kam auch nicht, ihm diese aus seinem Gesicht zu entfernen.

Sein Bauch gab mittlerweile eigenartige Geräusche von sich, die er bis jetzt in seinem Leben noch nicht gekannt hatte. Was sollte er bloß tun? „Das muss wohl mit Hunger zu tun haben", dachte er. „Irgendwo in diesem Schloss muss so etwas wie eine Küche sein." Betreten hatte er diese noch nie, das war Henrys Reich und es machte ihm großes Unbehagen nur daran zu denken, oder diese gar zu betreten. Er, der Kleine König mochte keine so profanen Arbeitsräume.

Mit den inzwischen gefundenen Schuhen schlurfte er grimmig Richtung Türe und mitten in seinem Ärger stolperte er über ein

Hindernis. Er verlor sein unbewusstes Bewusstsein und fiel in einen tiefen Schlaf …

Das Hindernis war noch immer da, er konnte es jedoch nicht sehen. Es versperrte den Weg und hinderte ihn am Weitergehen. Zornig stampfte er auf den Boden und die Beule an seinem Kopf schien noch mehr anzuschwellen. Er rief nach Henry, aber Henry kam nicht!

„Du kommst an dieser Stelle nicht weiter", hörte er stattdessen eine angenehm sanfte Stimme. Verdutzt drehte er sich um, doch niemand war zu sehen. Die Beule an seinem Kopf schien etwas damit zu tun zu haben, dachte er ärgerlich.

„Das wundert mich nicht, du hast mich schon lange nicht mehr beachtet. Du hast mich übersehen, bist missachtend an mir vorbei geschlendert und hast mich vergessen. Ich bin die ACHTSAMKEIT."
„Wie bist du hier hereingekommen?", fragte der Kleine König die seltsame Stimme. „Henry lässt keine Fremden ins Haus." Du hast mich nicht verstanden: „Ich bin die ACHTSAMKEIT. Ich komme nicht durch die Tür. Ich bin schon da, bevor die Tür aufgeht." Jetzt verstand der Kleine König gar nichts mehr. Für kurze Zeit war er sprachlos und es war ihm, als würde der Boden unter seinen Füßen weggezogen. Geschichten, die seine Mutter ihm früher erzählt hatte fielen ihm ein – Märchen von Geistern und Hexen, kleinen Zwergen und verzauberten Drachen. Wie lange war das her und warum dachte er gerade jetzt daran?

„Ich möchte nicht unhöflich sein, aber vielleicht kannst du das mit Henry besprechen." zum Glück war ihm das eingefallen. Er rief nach Henry, aber Henry kam nicht!

„Du hast mich nicht verstanden: „Ich bin die ACHTSAMKEIT, wiederholte die sanfte Stimme etwas bestimmter. Der Kleine König strich sich durch die ungekämmten Haare und brachte diese noch mehr durcheinander.

„Wir beide waren einmal gute Freunde. Das ist lange her, einige Jahre. Wir hatten sozusagen eine innige Verbundenheit miteinander.

Du und ich, wir waren ein gutes Team. Ich war gerne mit dir zusammen, einer ging nicht ohne den anderen."

Nun doch neugierig geworden musste der Kleine König sich eingestehen, dass er daran keine Erinnerung hatte.

„Wann hast du das letze Mal in einen Spiegel geschaut?", fragte die ACHTSAMKEIT.

„Oh, im Schloss wurden alle Spiegel entfernt. Irgendwann wollte ich keinen Spiegel mehr", erklärte der Kleine König. „Die Spiegel waren immer beschlagen und ich konnte mich nur noch undeutlich erkennen. Ich habe mich daran gewöhnt und jetzt kommst du und erinnerst mich an einen Spiegel?"

„Da ich nun schon mal da bin und auch nicht vorhabe, mich wieder zurückzuziehen, machen wir jetzt ein Experiment."

„Dann ist es ja gut, denn für solche Sachen ist im Haus immer Henry zuständig." Erleichtert rief der Kleine König nach Henry, aber Henry kam nicht!

„Du hast mich nicht verstanden", betonte die ACHTSAMKEIT mit deutlicher Stimme. Der Kleine Könnte zuckte zusammen und die Widerworte blieben ihm im Hals stecken und rutschten dann langsam dorthin zurück, von wo sie hergekommen waren.

„Was willst du von mir? Ich habe schon lange nicht mehr getan, was andere mir gesagt haben. Aber du scheinst ja nicht so schnell aufzugeben. Allerdings muss ich jetzt erst etwas essen. Wir können ja später oder nächste Woche sehen, wann wir uns treffen." Der Kleine König rief nach Henry, aber Henry kam nicht!

„Du hast mich nicht verstanden", beharrte die ACHTSAMKEIT. „Ich bin immer und zur rechten Zeit am richtigen Ort. Und … der richtige Augenblick ist immer JETZT!"

Die ACHTSAMKEIT war hartnäckig, das hatte er mittlerweile begriffen. Genervt schaute er auf die Uhr, wagte aber nicht noch einmal den Mund aufzumachen.

Bevor er sich versah, befand sich der Kleine König in einem großen Spiegelsaal. Hier gab es Spiegel in den unterschiedlichsten

Formen und Größen und sie waren nach einem ihm unbekannten Muster angeordnet. Erschrocken bemerkte der Kleine König, dass er keinen Ausgang sehen konnte. Der Fluchtweg war ihm abhanden gekommen und das war kein gutes Gefühl. Henry war immer bereit, ihm solche Situationen zu ersparen und fand immer eine Lösung, um die er sich nicht selbst kümmern musste. Jetzt kam er sich sehr klein vor, geradezu verloren, einsam, alleine, eingeschlossen. Von Gott und der Welt verlassen ...Traurig wurde er sich dieser ausweglosen Situation bewusst.

Was sollte er tun? Er rief nach Henry, aber Henry kam nicht! Die ACHTSAMKEIT beobachte achtsam die Situation, ließ sich jedoch Zeit, bis sich der Kleine König ein wenig beruhigt hatte und bereit war, sich auf dieses Experiment einzulassen. Kleinlaut signalisierte er sein Einverständnis, denn ihm war mittlerweile klar, dass er hier ohne Hilfe nicht wieder herauskommen würde. „Bringen wir es hinter uns", sagte der Kleine König. „Hier gefällt es mir nicht und ich verspüre wenig Lust, mit dir weiterhin meine Zeit zu verbringen." „Du hast mich nicht verstanden", sagte die ACHTSAMKEIT mit höflicher Stimme. Das Tempo der Zeit bestimmst du ... und du wirst die Zeit brauchen, die Du brauchst.

„Warum hat dieser Raum keine Tür?", fragte der Kleine König aufgebracht. „Die Tür wird sich zu gegebener Zeit von alleine öffnen ... Auch wenn du sie jetzt noch nicht sehen kannst!"

So verging Stunde um Stunde. Vielleicht waren es auch Tage oder Wochen. Der Kleine König lief im Kreis, drehte Runde um Runde, von innen nach außen und von außen nach innen. Die Spiegel hatte er ausgeblendet, er nahm sie gar nicht wahr. Manchmal, wenn er vom Laufen innehielt, fragte er sich, warum er eigentlich hier war. Die feine Dame, die ihn in diese Situation gebracht hatte, war auch verschwunden – jedenfalls hatte sie sich nicht mehr gemeldet. Irgendwie hatte sie ihm doch Halt und Sicherheit gegeben und war noch sein einziger Hoffnungsschimmer ... Hie und da rief er nach Henry, aber Henry kam noch immer nicht! In seinem großen

Schmerz, seiner Verzweiflung und Einsamkeit weinte er bitterlich viele Tränen. Sie überschwemmten seine Seele und er konnte sie nicht aufhalten. Zwischendurch schlief er ein und wenn er aufwachte, weinte er weiter. Manchmal schluchzte er so laut, dass er Mitleid mit sich selbst bekam.

Wie viele Tage mittlerweile vergangen waren, wusste der Kleine König nicht. Raum und Zeit hatten sich aufgelöst, verschwanden im Nichts. Seine Beine schmerzten vom langen Kauern auf dem Boden und sein Hals fühlte sich verrenkt an. Es war ihm, als wäre er soeben aus einem zu engen Kokon geschlüpft, so zerknittert fühlte sich sein Körper an. Verwundert blickte er sich um und konnte nicht glauben, was er in der Zwischenzeit erlebt hatte. Der Kleine König sortierte seine Gedanken und entwirrte sie wie ein Knäuel Wolle, das verknotet war und aufgelöst werden musste.

An diesem Morgen, als er so verzweifelt und mit sich alleine war, wagte er zum ersten Mal, sich vorsichtig einem dieser Spiegel zu nähern. Jedoch wandte er sich enttäuscht wieder ab, denn der Spiegel war blind wie ein Maulwurf.

Wieder versank er in seiner Hoffnungslosigkeit, die ihm jeden Mut nahm. Plötzlich jedoch war ihm, als hörte er eine leise Stimme in seinem Innern, verbunden mit einem wunderschönen Klang, der von weit herzukommen schien und sein Herz berührte. Seine Großmutter fiel ihm ein, die immer gesagt hatte: „Wer aufgibt, hat schon verloren!" Ja, sie war eine weise Frau gewesen!

Seiner inneren Stimme folgend, nahm der Kleine König sein Damast-Taschentuch aus der Hosentasche und näherte sich erneut einem Spiegel auf der Seite. Er hauchte es kurz an und startete einen Versuch, dem Spiegel und sich einen Durchblick zu verschaffen.

Das war eine Überraschung und Freude, als er feststellte, dass er nicht mehr alleine war! Aus dem Spiegel sah ihm eine sonderbare Gestalt entgegen. Irgendwie nicht standesgemäß und ziemlich verstrubbelt, fand er. Und obendrein auch noch schlecht angezogen. Die Augen waren traurig und ohne Glanz.

„Hmm", dachte er … Den hab ich noch nie gesehen hier." Froh, nicht mehr alleine zu sein, winkte er und grüßte. Freundlich hob auch der andere die Hand zum Gruß. Es war ihm, als hätten seine Augen einen leichten Schimmer Freude. Gerne hätte er weitere Verbindung aufgenommen, doch der Spiegel war verschwunden. Erstaunt wandte er sich ab, als sich aus dem Nichts eine Stimme meldete.

„Freut mich zu sehen, dass du mit dir selbst in Kontakt getreten bist." Der Kleine König verstand die Welt nicht mehr und war sehr aufgebracht. Er fand es geradezu anmaßend, ihn, den Kleinen König, mit diesem ungepflegten, glanzlosen, traurigen Typen zu vergleichen.

Mit dem hatte er ja gar nichts gemeinsam.

„Ich verbiete mir solche Unverschämtheiten in meinem Schloss."
„Du hast mich nicht verstanden", sagte die ACHTSAMKEIT mit ruhiger Stimme.

„Für Bruchteile von Sekunden durftest du dir selbst begegnen. Dieses Spiegelbild bist du selbst. Ein Spiegel kann nur wiedergeben, was bereits vorhanden ist."

Die Stimme duldete keine Widerrede, das wusste er ja bereits und so blieb er erst einmal still. Ihm fehlten die richtigen Argumente, um das klarzustellen und so suchte er nach einer plausiblen Erklärung. „Ja, sich selbst zu sehen, gehört zu den schwierigsten Dingen im Leben. Allerdings kommen wir irgendwann an den Punkt, wo wir entweder in die eine oder andere Richtung gehen. Das heißt, wir entscheiden uns hinzuschauen oder es bleibt alles so, wie es ist."
Die ACHTSAMKEIT hielt kurz inne und fügte dann hinzu: „Du kannst diesen Raum jetzt verlassen, die Tür ist offen."

„Dann ist ja gut", sagte der Kleine König beleidigt. Die Klinke schon in der Hand, erkannte er in letzter Minute sein Spiegelbild im golden, glänzenden Türgriff. Für einen Moment sah er es nachdenklich an …

„Also, dann bis morgen", sagte die ACHTSAMKEIT leise.

Früh erwacht am nächsten Morgen, sah er besorgt dem neuen Tag entgegen. Die Tür war noch immer offen, das wusste er. Die Versuchung, sich aus dem Staub zu machen, war groß. Allerdings spürte er auch ein wenig Neugier, das musste er sich schon eingestehen – eine Eigenschaft, die er bei sich schon lange nicht mehr wahrgenommen hatte.

Seine Augen fixierten einen Spiegel und im nächsten Moment öffneten sich von selbst zwei große Flügeltüren. Da stand er nun und blickte in ein großes herrschaftliches Zimmer. Der Raum kam ihm bekannt vor, es war die Bibliothek seines Schlosses. Auf dem Tisch stand ein schönes Bouquet aus verschiedenfarbigen Rosen, kombiniert mit Hortensien und Lupinen aus dem Garten. Ihm fiel ein, dass er schon lange nicht mehr im Garten gewesen war.

Sein Blick schweifte über die vielen Bücher und blieb daran hängen. Er konnte dieses Gefühl, das ihn überkam nicht einordnen. Tränen traten in seine Augen und vernebelten den Blick. Eine ferne Erinnerung bemächtigte sich seiner und die Sehnsucht, die ihn überkam, ließ ihn abschweifen. Er stellte sich vor, wieder wie früher in der Bibliothek zu sitzen und zu lesen. Das war ein gutes Gefühl. Die Wirklichkeit holte ihn wieder zurück und mit Schrecken erkannte er, dass ein Mann in einem der großen Knopfledersessel saß und interessiert in einem Bildband blätterte. Der Unbekannte war fein gekleidet, in edlem Zwirn. Ja, er sah wie ein Herr aus, das konnte der Kleine König schnell erkennen. Er hatte etwas Feines an sich. Seine Augen waren freundlich und schauten ihn offen an. Dem Kleinen König kam es vor, als würde diesem Herrn das Herz aus den Augen scheinen. Nicht, dass er diesen Herrn kennen würde, aber irgendwie kam er ihm doch bekannt vor. Die Frage war nur, wie dieser Fremde in die Bibliothek gelangen konnte. Henry war normalerweise sehr zuverlässig und vorsichtig …

Der Kleine König bemerkte, wie ihn ein heftiges Unbehagen überkam. Seine Muskeln waren angespannt und Zornesröte stieg ihm ins Gesicht. Alle Schimpfworte, die seine Mutter ihm verboten hatte, fielen ihm wieder ein und ließen ihn seine gute Erziehung vergessen. Wutentbrannt und mit geballten Fäusten schritt er auf den Eingang zu.

Aber die Flügeltüren hatten sich geschlossen und lösten sich, wie der Spiegel auch, in Wohlgefallen auf. Angewurzelt blieb er stehen und konnte nicht fassen, was er soeben erlebt hatte. Wahrscheinlich war er in einem Irrenhaus gelandet, anders konnte er es sich nicht erklären.

„Dieser Unbekannte war Henry", bemerkte die ACHTSAMKEIT aus dem Nichts. Erbost über diese ungeheure Aussage drehte sich der Kleine König um und lief Richtung Tür. Er schüttelte den Kopf und zeigte einen Vogel – in welche Richtung auch immer.

„STOPP ... Du hast mich nicht verstanden!", sagte die ACHTSAMKEIT streng. „Wenn du jetzt gehst, hast du es nicht begriffen."

Der Kleine König versuchte sich zu rechtfertigen, wie er es immer getan hatte, ahnte aber im selben Moment, dass er diese Situation aushalten musste. Er fragte sich, warum Henry sich so plötzlich verändert haben sollte.

„Henry hat sich nicht verändert", sagte die ACHTSAMKEIT mit klarer Stimme. „Henry ist genauso, wie du ihn soeben gesehen hast. Ein feiner, sensibler, tiefgründiger Mann mit viel Herzenswärme. Ein Mann, der eine natürliche Würde und Bescheidenheit ausdrückt und eine schöne Seele hat. Der Unterschied ist nur, dass du ihn nie so gesehen hast. So viele Jahre steht er dir zur Seite und du hast nie hingeschaut. Du hast seine Tiefe nicht erkannt und ihm keine Wertschätzung und Dankbarkeit gezeigt. Die Anwesenheit von Henry war eine Selbstverständlichkeit für dich, wie ein Möbelstück, das gut in eine Wohnung passt. Den wahren Henry hast du übergangen. Er hat dich gar nicht interessiert. Das nennt man auch Missachtung und Gleichgültigkeit. Indem du Henry nicht gesehen hast, bist auch du dir verloren gegangen. Sich selbst verloren zu gehen, gehört zu den schlimmsten Dingen, die geschehen können. Eine innere Einsamkeit macht sich breit, die Augen verlieren ihren Glanz und die

Lebensfreude zieht sich in ein Schneckenhaus zurück und kommt nur in wenigen lichten Momenten zum Vorschein. „Und", fügte die ACHTSAMKEIT hinzu, „Wenn du dich von anderen zurückziehst, hast du von allem weniger."

Der Kleine König saß mittlerweile am Boden und weinte erschüttert. Grauer Schleier fiel von seinen Augen und er wusste, dass sie recht hatte.

„Ja", sagte die ACHTSAMKEIT, „Die Wahrheit sagt man nicht sich selbst, sie wird einem gesagt. Das heißt, manchmal weisen uns andere auf Dinge hin, die wir selbst nicht bei uns erkennen. Die Wahrheit wird dich freimachen und dein Leben in jeder Hinsicht bereichern. Du wirst erkennen, dass die Teile von Henry auch in dir selbst vorhanden sind. Wenn du weise und achtsam mit dir umgehst, freundlich bist und Verantwortung für dich selbst übernimmst, wirst du es auch bei anderen tun. Ich wünsche dir von Herzen ein schönes, erfülltes, glückliches Leben und freue mich darauf, mit dir befreundet zu sein.

Am nächsten Morgen erwachte der „König" mit frohem Herzen. ‚Was für ein Traum!', dachte er. Mit tiefem Respekt verneigte er sich innerlich vor dieser „feinen Dame" für diese edle Erkenntnis. Tiefe Dankbarkeit erfüllte ihn und er wusste, was er zu tun hatte. Als er die großen Gänge in seinem Schloss entlangging, begegneten ihm viele Menschen, die er bis zum heutigen Tag noch gar nie gesehen hatte. Er grüßte sie freundlich und auch sie wagten erstaunt mit einem Lächeln zu antworten. Bisher hatten sie immer das Gefühl gehabt, unsichtbare Schlossgeister zu sein, denen man besser aus dem Weg ging. Den einen oder anderen begrüßte er mit einem Händedruck und erkundigte sich interessiert, wie es ihnen ging, was die Familie machte und wünschte dann noch einen schönen Tag. In der Küche bedankte er sich für die immer mit Liebe zubereiteten Mahlzeiten, die er bisher immer mit Selbstverständlichkeit zu sich genommen hatte. Er sah die Freude in den Gesichtern der Menschen und fühlte diese auch in sich selbst. Im großen Park kam er mit dem Gärtner ins Gespräch, fragte ihn nach seinem Namen und ließ sich von ihm die neue Rosenzucht zeigen, genoss den Anblick und nahm den feinen Duft in sich auf. Als er sich noch einmal umwandte sah er, dass der Gärtner ungläubig den Kopf schüttelte. Auf dem englischen Rasen entfernte er eigenhändig das Schild „BETRETEN VERBOTEN".

Hinter einem der großen Fenster erkannte er Henry. Der Kammerdiener hatte Tränen in den Augen. Der „König" winkte ihm freundlich zu und dachte: „Henry, ich glaub, ich hab's verstanden."

Zurück in der Eingangshalle des Schlosses sah er im Spiegel einen freundlichen, großen, stattlichen, feinen und eleganten Mann. Er winkte ihm zu und sagte: „Schön Dich zu sehen!"

Maria Baumgartner

Margots Entscheidung

Man fühlt sich geborgen in der Nähe dieser großen schlanken Frau. Liegt es am Lächeln, das sie ihrem Gesprächspartner gleich bei der Begrüßung schenkt, oder am Strahlen der Augen, das einen in ihren Bann zieht, bevor man noch ihre Farbe feststellen kann?

Sie scheint die Verkörperung dessen zu sein, was man den Menschen heute unter „positiv Denken" empfiehlt.

Nur wenige wissen, dass ihr diese Haltung nicht als Geschenk des Himmels in den Schoß gefallen ist.

Hineingeboren in eine wohlhabende Familie erlebte sie eine unbeschwerte Kindheit – bis ihre Mutter bei einem Unfall ums Leben kam. Der Vater heiratete wieder.

Auf unaufhörliches Drängen der Stiefmutter wurde Margot in ein Internat abgeschoben. Dort brachte man ihr viel bei, das ihr später bei der Bewältigung schwieriger Aufgaben helfen sollte. Man achtete besonders auf gutes Benehmen und auch auf geschmackvolle Kleidung. Das Endprodukt dieser Bemühungen war eine junge Dame, die sich sicher zu bewegen und stets passend zu kleiden verstand. Beim Small Talk überwand sie spielend sämtliche Hürden und war auf allen Partys ein gern gesehener Gast.

Nur eines konnte man ihr in dem noblen Internat nicht vermitteln: die Liebe einer Mutter. Deshalb war Margots sehnlichster Wunsch, eine Familie zu gründen. Den eigenen Kindern wollte sie die Liebe schenken, die sie wohl kennengelernt hatte, dann aber schmerzlich vermissen musste.

Vorerst hatte Margot Glück. Die Heirat mit Robert schien sie ihrem Ziel näher zu bringen. Da brachte ihr ein Arzt nach einer Operation schonend bei, sie könne keine Kinder bekommen. Dieser Information verdankte sie die ersten grauen Haare und die ersten

Falten. Nach Überwindung des Schocks widmete sie ihre Freizeit der Mitarbeit bei karitativen Veranstaltungen. Ihre Ehe war trotz der Kinderlosigkeit harmonisch – ja, in ihren Augen sogar musterhaft. Sie glaubte, eine Bilderbuchehe zu führen.

Dieses Traumschloss fiel wie ein Kartenhaus zusammen, als sie ein Kinderfoto fand. Der Bub, der ihr darauf entgegenlachte, war Roberts Sohn.

Ihr Mann hatte sie also betrogen! Eine andere Frau hatte ihm das Kind geschenkt, das er von ihr nicht haben konnte. Diesem Schock verdankte sie weitere graue Haare und zusätzliche Falten.

Was war ihr geblieben von ihren Träumen? Sie war eine alternde Frau, betrogen und der Verbitterung ausgeliefert.

Eine Wende in ihrem Leben brachte die Nachricht vom Tod der Großmutter dieses Kindes. Die Mutter war gleich nach der Geburt ihres Sohnes gestorben. Deshalb wuchs der Bub bei der Großmutter auf. Nun war auch sie tot.

Sollte sie auf eine Tote eifersüchtig sein?

Da war ein Kind, das Liebe und Geborgenheit brauchte. Konnte sie ihm nicht beides geben?

Nach reiflichem Überlegen rang sich Margot durch zu einer Entscheidung. Sie bat Robert: „Bring deinen Sohn nach Hause!" Und sie versprach: „Ich will versuchen, ihm eine gute Mutter zu sein!"

Was haben da noch Fältchen und graue Haarsträhnen für eine Bedeutung? Margot strahlt Mütterlichkeit aus. Sie hat eine Familie, die sie umsorgen und der sie ihre ganze Liebe schenken kann. Ihr sehnlichster Wunsch ist in Erfüllung gegangen.

Hilla Beils-Müller

Einmischung

Vorschriften/Erwartungen,
sich in das Leben der Leute
einmischen zu müssen,
empfinden viele zu Recht
unmöglich übertrieben.
Dabei kennt jeder den Satz:
Leben und leben lassen.
Wer beherzigt das noch?
Ich, sagt der Esel, nehme
diese Worte sehr ernst.
Mit dem Leben glücklich,
arbeitet man gezielt daran,
das Wohlsein zu bewahren.
Keine Zeit für Einmischung,
was Leute planen und wagen.
Der Mensch erlernt frühzeitig,
seine Talente und Fähigkeiten
einzusetzen, bis hin zum Glück.
Deren Leben ist nicht meines.
Meines passt genau zu mir.
Leben und leben lassen,
erfordert viel Toleranz.
Ein Geben und Nehmen
schätzen und ehren,
heißt genießen und
vergönnen können.

Freude bündeln

Mutig widersetzt man
sich dem Scheitern,
prüft und sortiert,
Anfang bis Ende
von A nach Z.
Schön, dass
die Gedanken
zu steuern sind.
Der Körper beruhigt
sich langsam wieder. Man
sehnt sich nach Freude, wenn
möglich davon viel, die man dann
gedanklich sorgfältig bündeln kann.
Niemand verbietet uns das Träumen,
das Glücklich sein, das Freude bündeln,
Schwierigkeiten derweil zu überstehen,
Entscheidungen zu treffen ohne Zögern.
Bewusst heiter geht das Leben weiter.
Die Erfahrung flüstert leise ins Ohr:
Pflücke Deine Lebensblüten und
die Freude gebündelt dazu,
ergeben zusammen Viel.
Überdenken scheint
hilfreich zu sein.
Schreiben nimmt
mich wie ich bin.

Aufgeschriebenes
lässt sich tatsächlich
bündeln. Meine Bücher
enthalten Aussagekräftiges.
LeseFieber ist keine Krankheit,
hebt die Gemütslage meterhoch.

Margitta Börner

Warum? Ich kann das nicht verstehen.

Meine Augen sehen nicht klar.
Ist es wirklich wahr?
Der Weg zum Kind verschwommen
ist mir genommen.

Hör' im Schlafe seine Worte,
sehe sein Gesicht.
Immer dunkler wird das Licht,
scheint am letzten Orte,
möchte ihm doch noch so vieles sagen
an diesen eiskalten Tagen.

Sieh', zu welch' tragischem Abschied
ertönt sein Lieblingslied,
schallt in die elende Welt.
Leise trägt der Wind
streichelt sanft des Mutters Kind,
erbarmungslos sein Gesicht nicht erhellt.

Johanna Cart

Der Tod hat Verspätung

Züge verspäten sich, Flugzeuge und oft auch Menschen.
Weil etwas Unvorhersehbares passiert und sie aufhält.

Das ist unangenehm und kostet Nerven.
Weil man wartet und sich Sorgen macht.

Tragisch und grausam wird es, wenn sich der Tod verspätet.
Weil er vergessen hat, seine Sense zu schärfen oder weil es
ihm schlichtweg egal ist.

Dann etwa, wenn im Krieg tausende junge Menschen verre-
cken,
dann, wenn Krankheit vor der Unschuld eines Kindes nicht
Halt macht,
dann wenn nicht die Liebe, sondern das Schicksal
triumphiert.

Aber auch dann, wenn ein alter Mensch einfach vergessen
wird,
der sich nur nach Frieden sehnt,
nach Freiheit von Angst und Schmerz.

Manchmal verspätet sich der Tod und das Leiden nimmt kein
Ende.

Alles im Leben hat seine Zeit
Manchmal fragt die Zeit nicht, ob man das Warten noch
ertragen kann.

Wenn ich könnte,
würde ich den Gevatter aus seinen Tagträumen rütteln
und an seine Pflicht erinnern.

Leider hört er mich nicht.
Vielleicht aber hörst du mich, Mutter.
Ich bin für dich da.
Ich liebe dich.

Und ich bin trotz allem einmal im Leben jemandem dankbar
dafür,
dass er sich verspätet.

Weil ich dich noch einmal in meine Arme schließen kann,
um dich zu trösten,
auch wenn mir der Anblick deines unerträglichen Leidens
schier das Herz zerreißt.

Zeit

Sie rast.

Sie fließt.

Sie tropft.

Und sie steht still.

Ich sitze an deinem Krankenbett und lausche dem Ticken der alten Pendeluhr.

Dein Atem geht schwer und deiner schmalen Brust entströmt ein leises Röcheln.

Ich studiere dein Gesicht, in das die Zeit tiefe Furchen gezogen hat.

Jede einzelne könnte eine Geschichte erzählen, von Krieg, Entbehrungen, Sehnsucht und Wiederaufbau.

Aber auch von großem Glück, erfüllten Träumen und einer tiefen inneren Zufriedenheit.

„Bleib' bei mir!", schreit mein inneres Kind.

„Ruh' dich aus", sagt die erwachsene Frau.

„Ich liebe dich", haucht der warme Südwind und streichelt sanft eine graue Strähne aus deinem welken Gesicht.

Und während Erinnerungen an Kindheit, Jugend und Erwachsensein durch meinen Kopf rasen und gleichzeitig die Minuten zäh dahintropfen, ist eine alte Frau am Ziel.

Die müde Pendeluhr vergisst kurz darauf, zu ticken, und die Zeit steht völlig still –

für einen erlösenden, allerletzten Atemzug.

Cyrill Frei

Allerweltsformel

Das wertvollste im Leben sind Gesundheit und Zeit. Das schönste im Leben ist Liebe und das hässlichste Missgunst und Neid.

Die dümmste Unart eines Menschen sind Vorurteile, denn ohne sie wäre das Leben um einiges leichter. Die Menschen alleine bestimmen den Zeitgeist, doch nicht jeder begreift es gleich. Wer Mensch, Tier und Umwelt nicht schadet, beachtet, erlangt Ehre und wird stets beachtet. Und wer Toleranz und Gnade beherrscht, trägt auch Nächstenliebe im Herzen. Wer Dankbarkeit zeigt, trägt die Sonne ewig im Herzen und wer nie aufhört zu glauben, erträgt jegliche Schmerzen. Sei mutig und achtsam und hör nie auf zu denken, vertraue dem Guten und lass dich nicht lenken.

Sabine-Maria Hoffer

Love me

05:30 Uhr früh morgens. Mittwoch. Sommer. Ein Mittwoch wie viele zuvor. Ein Tag wie jeder andere, wie Tage davor. Sekundär, ob hier oder anderswo, oder am anderen Ende der Welt

Am Tisch ein übergehender Aschenbecher, Johny, Jack und Jill waren bis zum Schluss allgegenwärtig, bis zum getanen Abgrund. Zwei Meter rechts ein raushängender Fuß. Der dazugehörende Körper quer über das ganze Bett gestreckt. Die Geräuschkulisse, die authentischer nicht sein konnte, drang in das Innere des Raumes. Fenster, die geöffnet waren, ließen die Morgenröte über den Boden hoch bis zum raushängenden Bein hineinscheinen. Ein tiefes Stöhnen und Seufzen hallte durch das Zimmer. Die erste Bewegung war eine hochstreckende Hand. Danach absolute Bewegungslosigkeit. Eine Stunde später erneutes Stöhnen, mittlerweile durchflutete die aufgehende Sonne den halben Raum.

Ein zweiter Fuß hing aus dem Bett. Langsam, wie in Zeitlupe, schien sich der Körper in eine senkrechte Position zu begeben. Wackelig suchten Beine, den Boden unter den Füßen zu finden. Zielgerichtet wurde ein Schritt nach dem anderen hin zum Überlebenselixier gesteuert. Nichts auf der Welt war so wichtig, kein Ort dieser Welt könnte jemals zum Paradies ernannt werden, ohne dieses Elixier. Eine kurze manuelle Handhabe reichte aus, um das gewünschte Gebräu zu erhalten. Kurze Zeit darauf stand der auf wackeligen Beinen stehende Körper im Freien, in der Hand haltend das Gebräu und Frieden schließend mit dem Augenblick. Kaum war die Sonne aufgegangen in diesen frühen Morgenstunden, schien der Himmel von einem Azur bedeckt, als gäbe es keinen schöneren Anblick. Die Idylle war so sanft und voller Leben zugleich, dass nichts diesen Moment trüben konnte. Augen blickten über diesen so rigorosen

Ausblick eine ganze Weile, bis sich auf der Terrasse die Bank zum Niederlassen anbot. Im Kopf dröhnte es so, als hätte man letzte Nacht mit einem Schläger darauf eingewirkt. Ein kurzer Schwindel machte sich breit, doch dank des Elixiers war dieser Zustand wieder vorbei. Erinnerungen der letzten Nacht zu finden, war vergeblich. Jetzt war es an der Zeit – das Elixier und was dazu …, dann, dann könnten Erinnerungen wieder auftreten?

Eine Weile war vergangen, sie lag entspannt auf der Bank. Eine Schar von Vögeln waren emsig dabei, ihr tägliches Flatterwerk und Gesänge fortzuführen. Der Nebel, der zuvor noch den Boden bedeckte, hatte sich aufgelöst. Sie versuchte, sich zu erinnern, versuchte das Puzzle in ihrem Kopf zusammenzufügen. Dieses Szenario war ihr nicht fremd. Nein. Obwohl sie es jedes Mal bereute, konnte sie es nicht verhindern. Die Gratwanderung zwischen Ratio und Logo endete mit dem Verkauf und Verrat ihrer Selbst. Sie selbst war der Architekt der Guillotine, sie selbst richtete sich moralisch hin. Der Einstieg ihrer selbsternannten Hinrichtung begann mit einem Lächeln zu Jack und Jill.

Meistens begann diese Hingabe in völlig frei gewordener Stimmung, nachts, nachts wenn der Platzhirsch auf Beutezug war. Oh, wie sehr liebte sie diese Begebenheit, wenn zwischen Hier und Jetzt die Masken fielen. In Momenten, wo ein Durchschauen der Gesellen nur noch eine Folge von abgedienten Floskeln war. Sie hatte einen Punkt erreicht, an dem es kein Weiterkommen gab. Es war wie das Lösen einer Formel, die äußerst genau empirisch geläutet wurde. Dass nichts mehr danach kommen konnte, war eine rationale Konsequenz. Kein Abenteuer, das gilt zu erleben, kein unbekanntes Land, nur abermalige Wiederholungen, die sich nur durch grau Schattierungen voneinander unterschieden. Was folgte, war eine schier endlos gewordene Langeweile, die sich durch sämtliche Facetten zog. Für sie gab es kein schlimmeres Urteil als Langeweile, die sich häufig und am allerliebsten im Alltag versteckte. Und der Platzhirsch, der nächtlich heimlich durch Gassen zog – war ein

Erzeugnis des Alltages. Der Nachmittag war angebrochen, noch immer versuchte sie die Gedächtnislücken der letzten 24 Stunden zu füllen. Sie erinnerte sich noch an die Adresse, die sie aufsuchen wollte. Sie wusste allerdings nicht mehr, was zu Hause geschehen war. In wenigen Stunden hatte sie ihren Plan tausendmal gedanklich durchgespielt. Schon am Beginn Ihrer Entscheidung den Plan umzusetzen, wusste sie, dass es Shitstorms und verbale Ausschreitungen hageln würde. Was auch immer auf sie zukam, sie war bereit. Fest stand, dass keiner gewusst oder geglaubt hatte, dass sie diesen Schritt wagen würde. Es war ihre Homestory, und in ihrem Drehbuch und wie sollte es anders sein, besetzte sie die Hauptrolle.

Ja, es war ihre Homestory. Eine Homestory, die weder von einer unglücklichen Partnerschaft erzählte noch darüber berichtete, wie sehr sie als Frau einem Schönheitsideal hinterherlaufen musste. Künstlich geschaffenen Feminas, die glaubten, dass Lippen von Big Mamas oder Busen von DDs schöner machten, entlockten ihr nur ein bedauerliches mitleidendes Lächeln. Für sie waren es die dümmsten unter den gegenwärtigen Frauen, die sich in den Gesellschaften vordrängten. Von all diesem Müll erzählte ihre sogenannte Homestory nicht, oder von anderen unliebsamen Begebenheiten. Sie führte an anderen Stellen einen Kampf. Sie war einem Konflikt ausgesetzt, der weder ein Davonlaufen noch Verdrängen zuließ.

Und zu guter Letzt war sie auch noch eine Frau. Was diesen Kampf so erschwerte, war die Tatsache, dass sie auch klug war. Für ihr Dilemma konnte sie andere nicht verantwortlich machen, nein, das wäre zu einfach gewesen. Der Auslöser hierfür war ein Banaler. Am vergangenen Sonntag, ein Sonntag, dem man im Allgemeinen kennt, stand sie vor ihrem Spiegel, betrachtete ihr Haar, ohne Vorbereitung klopfte die innere Wahrheit an ihre Tür. Sie war fünfzig geworden und in ihrer Seele wohnte noch immer eine unbändige Abenteurerin. Alles, was sie erreichte, war an einem Endpunkt angelangt. Kein gesetzter Komparativ der zulässig gewesen wäre. Kein Perfekt. Ihre oft so bunt gewählten Ziele lagen im Plusquamperfekt und daran konnten auch weise Sprüche von nahestehenden Freunden nichts mehr ändern. Selbst Rituale wie geworfene Steine oder Astrologie konnten ihr Dilemma nicht lösen. Denn die innere Wahrheit, von der schon in der Antike Aristoteles sprach oder Kant in seiner Kritik der Urteilskraft andeutete, schien jeden Menschen einmal und unerlässlich zu begegnen. Und dieser Art von Wahr-heit war es unmöglich zu entkommen, auch sie nicht. Sie stand also so da – vor ihrem Spiegel und verstummte. Gesund, unabhängig, ausgebrannt. Vor wenigen Tagen noch versuchte sie ihre innere Unruhe durch Shoppen zu besänftigen. Sie war in ihren Lieblingsshop und kaufte ohne viel Gequake mit der Verkäuferin eine neue Camouflage Hose, die wie immer viel zu lang war. Sie hatte sich oft gefragt, warum Produzenten immer Hosen für 1, 70 Meter große Frauen herstellten. Sie mit ihren 1, 65 Meter und einer Konfektionsgröße 38 war immer zu klein für die Klamotten in den Stores. Im Allgemeinen fand sie die Mode für Frauen langweilig, sodass sie meistens in Armyshops ihre Freizeitbekleidung kaufte. In ihrer Arbeitswelt trug sie Casual Business Look, den sie abstreifte, sobald sie zu Hause ankam. In den 90er Jahren ließ sich die Mehrheit der Frauen tätowieren. Sie hatte wenig Interesse eine von vielen zu werden und lehnte es ab, sich diesem Körperkult anzuschließen. Zudem hatte ihr Körper viele Naturtattoos von Abenteuern, die sie absolvierte und Spuren auf ihren Körper hinterlassen hatten. Was sie nicht davon abhielt, weiterhin Survivaltrips zu planen.

Sie trat einen Schritt zurück und bemerkte im Spiegel, dass ihre Jahre schnell vergangen waren. Sie musste erkennen, dass sie müde von all dem Leben geworden war. Sie wusste, dass sie nun an einem Punkt angelangt war, um etwas zu verändern. Noch einmal. Sie setzte sich auf die Terrasse, im Hintergrund spielte leise Chilly Lounge Musik. Der Himmel war strahlend blau und die Temperaturen noch angenehm erträglich. Sie fragte sich, welche von den hunderten möglichen Türen, die sich vor ihr boten zu öffnen, wenn jede Tür eine Möglichkeit darstellen würde. Was konnte sie noch herausfordern, was könnte ihr Interesse wecken? Länder und Kulturen hatte sie zur Genüge kennengelernt, beruflich gab es kein Weiterkommen mehr. Familie und Freunde waren verlässliche Verbündete, die stabil hinter ihr standen. Und dennoch fehlte etwas. Was aber konnte das Fehlende sein?

In ihren Erinnerungen spielte sich ihre Vergangenheit ab, die brisante Momente beinhaltete. Es waren schöne Jahre gewesen, denn wo immer sie auch lebte, sie sammelte wichtige Erfahrungen. Auch wenn ihr Leben so manche Ohrfeige bereithielt, blieb sie fest in ihren Überzeugungen und Prinzipien, die so manches Mal Menschen von ihr abdriften ließ. Das Privileg, das sie unwiderruflich in ihren Händen behielt, war die Tatsache, dass sie entschied, wann sie kam und ging. So hielt sie es mit Arbeitgebern und Menschen, die glaubten, sie in Besitz zu haben. Vielleicht war ihre soziale Art nicht besonders ausgeprägt, aber sie hatte ein irrsinniges Gespür für Gerechtigkeit, die sie oft in sensible Situationen brachte. Ihr Schwert war das gesprochene Wort, das sie ungeniert frei ließ, wo andere stumm geblieben waren. In der Welt der Frauen wurde sie mit dreißig zum Underdog erklärt. Für Frauen war sie nicht bereit ein gutes Wort einzulegen, denn das weibliche Geschlecht war für sie schlichtweg eine Verfehlung. Die Weibersleut, so nannte sie diese, hatten das männliche Geschlecht kaputt gemacht. Sie nahmen den Männern das Attribut, sorgten dafür, dass Männer anfingen, sich Augenbrauen zu rasieren, zu schminken und sonstigen Blödsinn anzueignen. Und wenn es um wesentliche Dinge ging, waren Frauen nicht an Bord.

Dies bemerkte sie am häufigsten, wenn es Wahlen gab. Viele von den Frauen hatten vergessen, dass Frauen Anfang des 19. Jahrhunderts auf die Straße gehen mussten, um überhaupt wählen zu dürfen. Im 21. Jh. waren die Weibersleut zu faul, um eine mündige Stimme abzugeben, dadurch wurden sie keine Vorbilder für Frauen, die sie Töchter nannten. Auch waren Frauen in ihrer Gegenwart nicht mehr im Stande einer Vollzeitbeschäftigung nachzugehen.

Scheinargumentationen wie Kinderbetreuung oder zu viele Stunden, schienen allgemeine verteidigte Traditionen. Wie erbärmlich empfand sie diese Geschlechterrollen, war es doch die gleiche Zielgruppe, die gleichen Lohn, gleiche Position einforderten. Sie fragte sich oft, warum man einer Frau eine Führungsebene zutrauen sollte, wenn diese Frau es nicht einmal schafft, eine Familie zu managen?

Der Nachmittag endete mit einem friedlichen Sonnenuntergang. Sie war in ihrer Hängematte eingeschlafen. Beim ersten Versuch aus der Matte herauszukommen, kippte sie nach rechts. Wie schon öfter landete sie auf ihrem Gesäß. Tja, motorisch war sie noch nicht ausgereift. Etwas später ging sie zu Bett, in ihren Gedanken herrschte ein ungewolltes Chaos. Sie hatte ihre Frage noch nicht beantwortet. Die Nacht schien endlos, sie starrte auf die Decke, drehte sich hundert Mal hin und her, bis schließlich ihre körperliche Ermüdung im Schlaf endete.

Am nächsten Morgen entschied sie, nicht aufzustehen, sie blieb im Bett und schlief, schlief bis zum nächsten Tag hindurch, einfach so. Am Tag danach stand sie frühmorgens auf, braute ihr Überlebenselixier und machte sich bereit, etwas zu unternehmen. An normalen Tagen unter der Woche war sie beruflich eingesetzt. An diesem Dienstag entschloss sie sich, nicht in die Arbeit zu fahren. Einfach so. Ein kurzer Anruf genügte, um einen Punkt zu setzen. Sie gab Ihrem Vorgesetzten klar und deutlich zu verstehen, dass sie nicht mehr kommen würde. Und es reichten wenige Worte aus, um klarzustellen, was Sache war. Nachdem sie den Anruf beendet hatte, saß sie in ihrem Lieblingscafé town-town. Ringsum war das übliche Geschehen zu beobachten, Menschen, die kamen und gingen. Für sie war es das übliche Procedere, das von Montag bis Freitag an diesem Platz herrschte. Nachdem die freien Plätze an den Tischen begehrt waren, wechselten die Gäste rasch. Oft regte sich eine unangebrachte Manier, weil Menschen schnell laut oder zornig wurden, wenn Meinungen ausgetauscht wurden. Sie, die ungewollt mitanhörte, was zum Gesprächsinhalt erklärt wurde, musste oft

Lächeln, denn eine derartige Belanglosigkeit konnte die Welt nicht verändern. Sie entschloss sich, das ganze Szenario zu verlassen, stand auf und ging. Etwas später am Nachmittag packte sie ihren Rucksack und fuhr mit dem Auto los. In den frühen Abendstunden blieb sie in einem kleinen Dorf stehen. Der Dorfwirt, der ein gut besuchter Standort war, war Ziel ihrer Fahrt. Im Gastgarten erspähte sie einen freien Platz, der eine gute Aussicht über Kommende oder Gehende schien. Die Kellnerin starrte sie abwertend an, als sie anfing, sich eine Zigarette zu drehen. Diese Verachtung genoss sie in vollen Zügen, und jetzt konnte sie nicht anders, als Jack und Jill zu beordern. Und dies machte sie sehr galant, beinahe provozierend, denn sie wusste, welcher Ton in ihrer Stimme andere zur Weißglut brachten.

Mittlerweile war die Nacht hereingebrochen und sie fragte nach dem Wirt, mit den sie bereits Stunden zuvor telefoniert hatte. Der wie der Platzhirsch herantrat und sie unfreundlich anstarrte. Nach einem kurzen Beschnuppern schritten der Wirt und sie zur Bar an den Tresen. Es folgten noch ein Couple Jack, Jill und Johnny. Der Wirt, der neben ihr auch noch dutzende Stammgäste betreute, wirkte sehr freundlich. Sein Auftreten war gewöhungsbedürftig, aber hinter seiner harten Schale verbarg sich ein netter lustiger Geselle. Er war neben seiner Wirtenrolle auch der Bürgermeister dieses Dorfes und Almbesitzer. Er war auch ein Menschenkenner, denn obwohl sie schon in guter Laune war, sah er in ihren Augen, dass sie Suchende war. Was auch immer sie suchte, er sah es. Wohl oder übel musste er ein Menschenkenner sein, wie sonst hätte er die tiefgehenden Auseinandersetzungen mit seinem Sohn Maurizio vernünftig abklären können. Sein Sohn, der seit seiner Pubertät ein Revoluzzer geworden war, verlangte von ihm sehr viel Verständnis für neue Ideen. Denn sein Sohn wollte die Agrarpolitik im eigenen Familienverband neu orientieren. Aufgrund der klimatischen Veränderungen forderte der Ackerbau kreative Lösungen und an der Boku in Wien hatte er das dazugehörende Wissen erlangt. Und sein

Vater, der auch der Bürgermeister war, folgte bewiesenen Traditionen, die seit 1829 von seinem Vater und deren Vater und dem Stammeshalter zuvor erfolgreich praktiziert wurden. Sie folgten den Bauernkalendern, die wie der Mond und die Gestirne verlässlich waren. Veränderungen, die auch am Grund und Boden zu erkennen waren, wurden mit alten Glaubenssätzen wegargumentiert. Was zu endlosen Diskussionen am Sonntagstisch nach dem Gottesdienst führten. Der Wirt war froh, dass seine Töchter weniger Sorgen bereiteten, denn sie folgten dem Wunsch des Vaters und lebten sehr gut davon.

Langsam schritt die Nacht in die Sperrstunde. Mehr lallend als sprechend versuchte sie, den Wirt dazu zu überreden, sie hoch zur Hütte zu fahren. Dort wollte sie zur Ruhe kommen und all dem Tagesgeschehen ausweichen, zumindest eine Zeit lang. Nur noch Stammgäste lungerten an der Bar, die sie einluden. Einer dieser Stammgäste, ebenfalls ein Bauer, klopfte ihr mit seiner Hand, die so groß wie eine Bärentatze war, auf ihre Schulter. Sie wäre beinahe von dieser Wucht vom Hocker gefallen, aber ihr schneller Griff zum Tresen verhinderte das. Zu später Stunde saßen nur noch zwei alteingesessene Stammgäste an der Bar. Sie, sie lallte vor sich hin und versuchte weiterhin, den Wirten davon zu überzeugen, sie zur Alm hochzufahren. Immer wieder bot er ihr an, oben in einem der Gästezimmer zu übernachten und gleich morgen früh hinauf zur Hütte zu fahren. Während sie mit den letzten zwei Bauern abwechselnd Runden bestellte. Ihre vertrauten Verbündeten Johnny, Jack und Jill zeigten ihre Wirkung. Ihr Hauptaugenmerk bestand nur noch darin, nicht vom Barhocker zu fallen, so langsam begann sich die räumliche Umgebung zu drehen und alles in diesem Augenblick schien ihr egal zu sein. Plötzlich betrat der Sohn des Wirtes die Stube, das Gelächter im Raum störte ihn nicht, mit diesem Szenario war er aufgewachsen, war auch er in seiner Pubertät selbst Beiwohnender gewesen. Er sah sie am Ende des Tresens sitzen und fragte sich, wie sich diese Betrunkene in dieses Gasthaus verirren konnte. Außerdem bemerkte er, wie sie versuchte, seinen Vater zu überreden. Er sah, wie sie seinem Vater ein paar Hunderteuroscheine zusteckte, der nickte und seinen Sohn bat, die Sperrstunde zu übernehmen. Als der Sohn seitlich bei ihr vorbeischritt, um hinter die Bar zu kommen, wertete er sie sichtlich ab. Betrunkene Frauen stießen ihn ab, zu viele hatte er in seiner Pubertät gesehen, vor allem Touristen, die sich auf seiner Alm einmieteten.

Der Wirt fuhr sie mit seinem Jeep zur Hütte hoch. Zu Beginn der Fahrt stammelte sie noch wirres Zeug vor sich hin, danach schlief sie ein und schnarchte laut dahin. Am Zielpunkt angekommen, trug sie der Wirt in die Hütte hinein und legte ihren Rucksack ab. Bevor er wieder zurück in das Dorf fuhr, öffnete er die Fenster, um bei Morgengrauen frische Luft in den Raum eindringen zu lassen. Stunden später mitten in der Nacht im volltrunkenen Zustand, ohne zu wissen, wo sie war, zog sie sich aus.

Am nächsten Tag saßen der Wirt und sein Sohn gemeinsam am Frühstückstisch. Es war ein friedlicher Morgen, es gab keine Diskussion. Maurizio, der Sohn, war gut gelaunt. Sein Vater schilderte nur kurz, dass die Frau, die er in der Nacht zuvor zur Alm hochgefahren hatte, eine längere Urlauberin war. Maurizio schenkte dies weinige Bedeutung zu, er war mit anderen Dingen beschäftigt. Er wollte in den kommenden Tagen auf die Alm hoch, um den Wald und Viehbestand wie jedes Jahr um diese Zeit zu begutachten. Nachdem seine Familie Großgrundbesitzer war, gab es einige Blockhütten zum Eigennutzen nach Bedarf. Wenn Maurizio auf Bestandszählung auf der Alm unterwegs war, war er einige Tage fort.

Nach dem gemeinsamen Frühstück mit dem Vater machte er sich auf den Weg zur Alm. Die erste Strecke fuhr er noch mit dem Geländewagen, ab der Zwischenstation auf 1.614 Meter Seehöhe, ging es nur noch zu Fuß weiter. Der Sonnenuntergang war wunderschön und langsam machte sich ihr Hunger bemerkbar. Sie öffnete den Kühlschrank. Sie machte sich zwei Eier mit Speck in der Pfanne. Der Hüttenbesitzer, der Wirt, hatte gut für seine Urlauber gesorgt.

Der Kühlschrank war mit guten Lebensmitteln aus der Region gefüllt, sodass sie nicht hungern musste. Das Brummen im Kopf hatte sich gelegt. Sie hatte aufgehört sich anzustrengen, um die Erinnerungen der letzten 24 Stunden zu finden. Sie wusste nicht, wo sie war, wusste nicht wie sie dort hingekommen war, sie wusste auch nicht, wie sie von ihrem Standort wieder weg in Richtung Zivilisation kommen konnte. Sie ging raus ins Freie und sah eine sternklare Nacht wie schon lange nicht mehr. Keine Lichtverschmutzung weit und breit, nur Sterne waren zu sehen, die allesamt so ruhig und friedlich wirkten. Sie fühlte eine Naturverbundenheit, die ihr fremd war, plötzlich schien der Schnickschnack und Hick-Hack town-towns so unwirklich, so unwichtig. Sie drehte sich eine Zigarette, blickte hinauf zum Firmament und zog die Stimmung ein – um Erinnerung zu schaffen. Die Natur, die ringsum auch bei Nacht zu leben schien, ergänzte diese makellose Stimmung. In einem so ausgeglichenen Zustand war sie schon sehr lange nicht mehr gewesen. Sie holte sich eine Decke, legte sich auf die Bank auf der Terrasse und schlief ein.

Wieder war ein neuer Tag angebrochen, die Morgenröte erstreckte sich über die ganze Alm, eine Nebelschicht bezog noch vereinzelte Stellen des Bodens. Der Gesang der Vögel und sonstiger Waldtiere ließen sie erwachen. Vom idyllischen Augenblick überwältigt, setzte sie sich auf und umarmte den wundervollen Morgen. Danach drehte sie sich eine Zigarette – genoss ihr übliches Gebräu, ihr Elixier, und lächelte. Wenig später war sie dabei, die Umgebung zu erkunden um festzustellen, wo sie sich befand. Sie ging an der Lichtung entlang und suchte sich einige Orientierungspunkte, die sie wieder zurückfinden ließen. Einige Zeit verging, als sie zu einem kleinen Teich kam. Es war mitten im Hochsommer und das T-Shirt war nass geschwitzt, eine kleine Abkühlung würde guttun. Bevor sie in den Teich stieg, beobachtete sie die Wasseroberfläche. Es regte sich nicht viel, was für sie bedeutete, sie konnte ins Wasser hinein. Bis auf die Unterwäsche entkleidet, stieg sie in den Teich.

Schwamm ein paar Meter vor und wieder zurück. So richtig weit in den Teich hinein schwamm sie nicht, sie war ein bisschen feige und hatte zu viel Respekt vor der unbekannten Natur. Anschließend lag sie im Gras und bemerkte nicht den Sonnenbrand, der sich auf ihre Haut schlich.

Nachdem sie weit und breit keine hinweisenden Markierungen an den Bäumen oder Wegen fand, entschloss sie sich, wieder zurück zur Hütte zu wandern. Ein paar Meter vom Teich entfernt sah sie einen großen Baum, der sie wie bestellt einlud, eine Erinnerung zu markieren. Außer Wasser und den Tabak hatte sie nichts eingesteckt, sie sah auf den Boden und entdeckte einen kleinen Stein, der seinen Zweck erfüllte. Sie war dabei, den Anfangsbuchstaben ihres Vornamens zu verewigen, als plötzlich ein lauter Schrei zu hören war: „Hey, was mach ma da?" Sie hatte sich so erschrocken, dass sie zitterte. Der Stein fiel ihr aus der Hand. Sprachlos drehte sie sich um und sah das zornige Gesicht von Maurizio, der seine Bäume vor Übeltätern schützte. „Hm, sorry, ich wollte nur …"

„Ja ja, das kenn ich schon, wollte nur ...", entgegnete Maurizio. „Ihr Urlauber kommt her, macht unsere Wälder kaputt und glaubt, es gäbe keine Konsequenzen", fauchte er ihr entgegen. Schon an seinem Ton konnte sie seine Ablehnung gegenüber Urlauber erkennen, die vielleicht nicht unbegründet war. Obwohl sein Gesicht ernst und bestimmt schien, konnte sie nicht an seinen unglaublich schönen grünen Augen vorbeisehen. In diesem Augenblick konnte auch Maurizio nicht an ihren azurblauen Augen hinwegsehen, so als hätten sich in einem Bruchteil einer Sekunde Blicke eingefangen. Im nächsten Moment musste er lächeln und sie, sie konnte nicht anders als das Lächeln zu erwidern. Beide standen da, sahen sich an und Worte waren verstummt. Er löste sich aus dieser Situation, trat zur Seite und fragte sie, was sie dort machte. Kurzum erklärte sie ihm, dass sie auf dem Weg zur Hütte war. Ihre Verwirrung bezüg-lich ihres Standortes behielt sie für sich, zu peinlich war ihr diese. Maurizio begleitete sie, denn er wollte ohnedies nachsehen, wo die Betrunkene steckte, die vom Vater hochgefahren worden war. Am späten Nachmittag trafen sie bei der Hütte ein. Maurizio war überrascht, als er bemerkte, dass sie diese besagte Frau war. Er ließ sich auf der Terrasse nieder, während sie im Badezimmer in der Hütte verschwand. Er verriet ihr nicht, dass er der Sohn des Wirtes war, da sie noch immer keine Ahnung hatte, dass Maurizios Vater sie hochgefahren hatte, auch wusste sie nicht mehr, dass sie in der Gaststube weit über den Durst hinaus getrunken hatte. Der Nachmittag war schnell vergangen, sie bereiteten gemeinsam eine Jause zu und führten Gespräche, als wären sie schon ewig befreundet. Maurizio, der noch nicht vor allzu langer Zeit eine Scheidung hinter sich gebracht hatte, hatte die Zeit verloren und alles vergessen, war er sich vorgenommen hatte.

Die Nacht war hereingebrochen, noch immer verharrte Maurizio neben ihr, erzählte von seinen kreativen Ideen, die er umsetzten wollte, schilderte aber auch die Hürden und Hindernisse, auf die er ständig stieß. Sie hörte nur zu, obwohl sie zuhörte, hörte sie nichts mehr. Sie fühlte sich so frei wie schon lange nicht mehr. Kein Translating mehr vom Gesagten, kein zwischen den Sätzen suchen was unwahr war, kein Davonlaufen, weil das Gesagte leer und belanglos schien. Am Tisch stand eine kleine Kerze, denn die Dunkelheit, die rings um die Hütte alles umschlang, wirkte mächtig. In einem Moment der Stille bemerkten beide eine vorbeiziehende Sternenschnuppe, in diesem Augenblick mussten sie beide lächeln. Im nächsten Moment näherte sich Maurizio ihr, er sah tief in ihre Augen, kam noch näher und küsste sie sehr zärtlich. Sie, die alles vergaß, ihre Erinnerungen mit einem Mal verwarf, erwiderte seinen Kuss. Ihr Herz pochte, ihre Lippen zitterten. Er stand auf, trug sie in die Hütte hinein und legte sie sanft auf das Bett. Er fühlte eine Zärtlichkeit, die ihm fremd war. Noch vor wenigen Wochen als er seinen 50. Geburtstag gefeiert hatte, hatte er alle Frauen in die sogenannte „Wüste" gewünscht, doch in diesem Moment schien er alles vergessen zu haben. Sie fühlte sich so gut, so richtig an.

Obwohl er sie, ohne sie zu kennen, in der Bar verurteilt hatte, sie als Urlauberin abgewertet hatte, so sehr fühlte er nun, dass sie die eine, die Richtige war. Er war von ihrer Zärtlichkeit überwältigt und sie, sie lebte in diesem Augenblick, wie sie zuvor noch nie gelebt hatte. Am nächsten Morgen, als sie ihre Augen öffnete, stand ein kleines Frühstück am Tisch. Sanft küsste er sie. Sie lächelte, denn es war kein Traum, keine dahingeschlitterte Affäre, kein bis bald. Denn er war noch da und die innewohnende Stimmung hatte seit letzter Nacht nicht abgenommen. Sein überwältigendes Glücksgefühl stand in seinen Augen, die funkelten und durch sein Lächeln unterstrichen wurden. Sie fühlte sich so lebendig, so erfüllt, dass es ringsum keine Welt gab. Sie wusste nur, dass sie diesen Ort nie wieder verlassen würde. Und er, er hoffte, dass sie bleiben würde, bleiben, um ihn zu lieben. Zärtlich flüsterte er ihr ins Ohr: „Love me.“

Christian Hofstetter

Ein Leben lang

Das Jahresfest des Fußballclubs war da. In der Diskothek tanzte Louis alleine zu heißen Beat-Rhythmen. Eine junge Frau trat – unaufgefordert – hinzu. Er hatte sie noch nie gesehen oder wenn, dann als Doppelgängerin einer Schönheit, die auf einer Titelseite der Zeitschrift „Bravo" abgebildet worden war. Beatles, Stones, Hendrix, Cocker, Who, Kinks, CCR, Yardbirds, Cream zählten Ende der 1960er Jahre zur Crème de la Crème der Rockmusik. Sie waren auf Langspielplatten verewigt, die von einem DJ, wohl einem Freak der ersten Stunde, auf den Plattenteller gelegt wurden. Der Mann war in seinem Element. Er schüttelte im Zehnsekundentakt seine weit über die Schultern reichende Mähne, wie wenn ein Heer von winzigen Tierchen Flausen im Kopf gehabt hätte. Der Langhaarige hantierte am Disco Mischpult so gekonnt mit Knöpfen und Reglern, als sei sein Leben ein ständiges Auf und Ab gewesen. Die junge Frau sagte, sie heiße Sabine. Sie legte kurz die rechte Hand auf eine von Louis Schultern, lächelte und aus ihren Augen blitzte der Schalk. Louis kam aus dem Staunen nicht heraus, bevor er nach einem Zögern zurücklächelte. Er spürte eine angespannte Gesichtsmuskulatur und bekam feuchte Hände, als Zeichen dafür, dass er keine Erfahrungen mit dem anderen Geschlecht hatte und in keiner Weise eroberungserprobt war.

Beim Song „San Francisco" von Scott McKenzie bewegten sich beide aufeinander zu und berührten einander mit den Fingern an der oberen Rückenpartie. Sabine und Louis tanzten pausenlos und redeten nur ein paar Worte miteinander. Er war froh, dass die laute Musik das Geschehen bestimmte. Dass er nicht mit männlichen Eroberungs- und Besitzritualen vertraut war, bewahrte ihn davor, über die Stränge zu schlagen, was Sabine als reizvoll empfunden haben dürfte. Louis Tanzschritte waren keine Augenweide, aber dank der Musik, die alles andere als blutleer war, gewannen seinen Bewegungen an Rhythmusgefühl und Geschmeidigkeit. Sabine war eine blendende Tänzerin, spielte alle äußerlichen Vorzüge aus und lief zur Höchstform auf, als sie mit ihrem unter Strom stehenden und von den Rhythmen getragenen Körper ein wahres Feuerwerk an Figuren auf das Parkett zauberte; einmal waren ihre Schritte und Drehungen graziös, dann wieder furios, wie ein ausbrechender Vulkan, und wenn ihre blonden, wehenden Haare vom Licht der rotierenden Discolampen angeleuchtet wurden und so golden schimmerten wie jene von Rapunzel, war Louis gelinde gesagt überwältigt. Er fühlte sich gebauchpinselt und sein Herz begehrte, solange wie möglich, in Sabines Nähe verweilen zu können. Nichts war stabiler, als zu tanzen, zu lächeln und, was ihm nicht schwerfiel, sich dezent zurückzuhalten.

Louis himmelte Sabine, nach außen hin, nicht an und er stand kaum im Mittelpunkt, aber nicht weit daneben, als sie eine Vielzahl von einladenden Blicken erntete, die junge Männer säten. Sabine tanzte, lachte, amüsierte sich, schwitzte, sodass einzelne Strähnen an den Wangen und der Stirne kleben blieben. Sabine roch nach einem Parfüm namens Fleur Folle, welches Louis nicht kannte, jedoch zu einem späteren Zeitpunkt davon Kenntnis erhalten sollte, und sie war vom Duft eines Lebens umhüllt, dem ein Hauch Ekstase innewohnte und über das sie sich keine Gedanken zu machen brauchte, ob es am Ende der Nacht noch blumig riechen würde. Es gab Momente, in denen Louis sich seines Glücks gewahr wurde und sein Kopf sich daranmachte, es festhalten zu wollen; bevor es sich verflüchtigt hätte, übermannte Louis das Gefühl, ein Glückspilz zu sein. Im Laufe der Nacht, in der sich das Leben wie in Trance vorwärtsbewegte, bekamen Sabine und Louis Durst – nicht auf Selbiges, was sie nicht davonabhielt, nach draußen zu gehen, frische Luft zu schnappen, ein Bier zusammen zu trinken und Worte zu wechseln.

„Mein Vater ist im Vorstand des Fußballvereins. Ich habe dich schon mehrmals spielen gesehen. Ich sitze jeweils auf einer kleinen Erhebung, etwas abseits des Spielfeldes, um eine bessere Übersicht zu haben. Du spielst gut, wenn du mit Herz dabei bist", sagte Sabine.

Louis zuckte zusammen und spürte, dass er nach diesem Volltreffer Farbe bekommen hatte. Drinnen kreisten die Spotlampen über jene, die nicht farbig genug sein konnten, wenn sie sich zur Schau stellten, jedoch in der Überzahl waren und somit farblos blieben. Wenige Male tanzte Sabine mit einem Mann, der mit Sicherheit älter war als Louis, und der gut gebaut war, dunkelbraune, gelockte Haare hatte und enge Jeans trug. Er umgarnte Sabine, wollte sie umarmen und hätte sie vermutlich so lange an sich gedrückt, bis sie etwas gespürt hätte und ihr Atem schwer geworden wäre. Sabine machte weder einladende Gesten noch schöne Augen, sondern ging auf Distanz und sagte zum Mann ein paar Worte, die für Louis unverständlich waren, drehte sich um und zeigte dem Mann das Hinterteil. Louis war von mittlerer Statur, und er hatte keinen gestählten Oberkörper. Er hätte noch einige Biere mehr trinken können und dennoch nicht den Mut gehabt, das zu sagen oder gar zu tun, was manchmal in seinem Kopf herumlungerte. Weit nach Mitternacht sagte Louis, es sei schon spät, er fahre jetzt mit dem Fahrrad nach Hause. Der Abend sei sehr schön gewesen.

„Und was mache ich mit dem Rest der Nacht? Etwa mit einem anderen Mann tanzen und darauf wetten, dass er zudringlich wird? Für einen tiefen Schlaf ist es zu spät und für den Sonnenaufgang noch zu früh", entgegnete Sabine.

Louis war perplex, sagte kein Wort und ging eilends zum Fahrradständer. Sabine kam hinterhergelaufen. Louis schaute sich verwundert um, ging hin und her, traute seinen Augen nicht, sah sich jedes Fahrrad genau an, aber seines blieb verschwunden. „Pech gehabt", stellte Sabine fest, „Vielleicht hat ein Verehrer seine Liebste ins Paradies gefahren." Louis war zu vertrauensselig gewesen, weil er sein Fahrrad nicht mit einem Schloss gesichert hatte. „Komm, ich fahre dich nach Hause", sagte Sabine leicht säuerlich. „Mein Moped steht da, wo Diebe in der Regel nicht haltmachen."

Sie gingen ein paar hundert Meter und hinter einer Hausecke stand, gut versteckt, das Moped.

„Setz dich auf den Gepäckträger und leg deine Hände um meinen Bauch. So kann dir nichts passieren", erklärte Sabine.

Sie fragte, wo er wohnte und fuhr los. Louis musste sich an den unbequemen Sitz gewöhnen. Er spürte, wie das Gestänge des Gepäckträgers am Gesäß Spuren hinterließ und es leicht schmerzte, wenn sie durch kleinere Schlaglöcher fuhren. Er hielt sich krampfhaft am Gestänge fest, bevor er Mut schöpfte und seine Hände um den Bauch von Sabine legte. Als ihm in den Sinn kam, dass eine Polizeistreife sie anhalten und abmahnen würde, zuckte er kurz zusammen und umschlang Sabines Bauch noch fester. Sie schien sich keine Sorgen zu machen und pfiff den Song „All You Need Is Love" von den Beatles. Einmal wanderten Louis Hände hinauf, Richtung Herz, wo er nahe dran war, ein erstes Mal das zu ertasten, was ein junger Mann begehrte, wenn er nachts alleine im Bett lag und sich um den Schlaf brachte. Draufgängertum war nicht sein Ding. Louis sagte Sabine, welchen Weg sie einschlagen musste. Hinter ihnen lagen knapp sechs Kilometer, als sie auf dem Hof ankamen.

„Ganz schön einsam hier. Gutes Versteck für einen Jüngling, der schüchtern ist; schlecht, wenn er erwachsen werden will", bemerkte Sabine. Louis musste sich nicht fragen, ob er Sabine gewachsen war. Im Umgang mit dem anderen Geschlecht war sie viel geübter, redegewandter als er, und sie war mit Bestimmtheit körperkontakterfahrener, weil er sich bislang nur selbst befriedigt hatte oder einmal durch seinen besten Freund, Bruno, befriedigt worden war. Louis kam ins Grübeln, weil er nicht wusste, weshalb Sabine sich einen Grünschnabel ausgesucht hatte und was sie mit ihm anstellen wollte.

Auf einmal brannte eine nackte Glühbirne auf der Holzveranda. Emil, ein Bruder von Louis Mutter Berta, öffnete die Haustüre, fluchte und wankte aufs Plumpsklo, das in alten Bauernhäusern keine Seltenheit war. Louis gab Sabine einen Schubs und zog sie an einem Ärmel in den Schuppen hinein, der an das Wohnhaus angrenzte. Sie hörten, dass Emil Auswurf hatte, daran zu ersticken drohte, sich erbrach und zwischendurch Laute von sich gab, die sich anhörten, wie wenn ein verwundetes Tier noch kein Versteck zum Verenden gefunden hätte. Sabine und Louis sagten nichts. Minuten lang. Emil schlug die Haustüre hinter sich zu, vergaß das Licht zu löschen, schleppte sich die schmale Holztreppe hoch, die knarrte und ächzte und ähnlich morsch war wie sein Zustand.

„Siehst du, er war auch einmal jung, bevor er geblieben ist und nicht mehr fortkommt", sagte Sabine. Sie schien austeilen zu können. „Emil ist ein armer Teufel, der nirgends mehr hinkann, weil er dem Trinken verfallen ist. Die Familie gibt ihm ein Dach über dem Kopf. Hinter der Fassade wird nicht darüber gesprochen. Es kommt mir vor, als würde Emil konsequent auf sein Ende hinleben", erklärte Louis.

„Für ein Schicksal, das dir nicht selbst widerfährt, hast du ein Auge und bist nicht zu schüchtern, dich darüber zu äußern", meinte Sabine und wechselte das Thema: „Die Nacht ist lau, der Mond halb voll, komm wir gehen ein paar Schritte."

Sie gingen auf einer schmalen Kiesstraße und bogen dann in einen Weg ein, der am Waldrand entlangführte. Vor einer Bank blieben sie eine Weile stehen, bevor sie sich setzten, in den Nachthimmel schauten, wo der Mond sein Reich nur zur Hälfte ins Licht setzte und Sterne blinzelten, als wollten sie gerade mal so viel Aufheben machen, dass Herzen nicht kalt bekamen. Sabine reichte Louis eine Hand, die er sanft in seinen Schoß legte, bevor sie mit ihrem linken Oberschenkel Louis rechten Oberschenkel berührte, und ihren Kopf an seiner Schulter anlehnte. Er roch das Parfüm wieder, welches er nicht kannte; wobei er ohnehin keines kannte, weil niemand in der Familie eines benutzte. Künstliche Duftstoffe waren wie gemacht für Leute, die Vermögen besaßen, welche zum Himmel stanken oder zumindest einen bitteren Nachgeschmack hatten. Es gab Duftstoffe, die Louis gerne roch, wie jener eines Rasierschaums, den Grossvater Karl und sein Sohn Walter, jeweils sonntags, ins Gesicht schmierten, bevor sie mit einem Messer die Barthaare entfernten.

Louis stand kurz davor, sich seine Barthaare auch abschneiden zu müssen. Großmutter Amalia kaufte den Rasierschaum und die Rasierklingen bei einem Hausierer, der mit einem über die Schultern gehängten Koffer vier Mal im Jahr zu Fuß vorbeikam. Ein anderer Duft, den Louis gerne roch, hing dann in der Luft, wenn die Küchentüre wieder offen stand, nachdem die Frauen in der Familie sich mit einer Körperseife gewaschen hatten. Emil trug einen ungepflegten, über Jahre gewachsenen Vollbart, der vor sich hin wucherte, als hätte er die Gesichtsfarbe zu verstecken versucht. Sabine duftete nach einem Gemisch aus exotischem Parfüm und eingetrocknetem Schweiß. Louis hatte auch geschwitzt und roch weniger frisch. Er war froh, dass Sabines Duft in seiner Nase hängenblieb und nicht seine Ausdünstung, der kein Parfüm die Strenge nahm. Manchmal kitzelten Sabines lange Haare Louis Wange und Nase.

„Leute wie Emil sterben oftmals viel zu früh, ohne dass andere Leute darüber erschrecken würden", sagte Sabine. „Meine Mutter ist so", fuhr sie fort. „Mutter hat öfters mehr Alkohol im Blut als nüchterne Gedanken im Kopf. Meistens dann, wenn mein Vater von zu Hause wegbleibt. Mittlerweile kommt dies häufiger vor, als dass er im Ehebett um den Schlaf gebracht wird. Als Bauunternehmer ist er ein vielbeschäftigter Mann; allerdings hat er noch Zeit gefunden, die Leitung für den Bau eines Hauses mit drei Stockwerken zu übernehmen. Genügend Raum für Frau und Kind. Es wird trotzdem eng, wenn ich Mutter über den Weg laufe. Ich weiß bestens Bescheid, wieso stets aufs Neue leere Flaschen herumstehen. Der Bodensatz in einem Glas oder einer Flasche ist schnell trocken; der Trinker nicht. Die Folge davon kann einem über den Kopf wachsen, was ich mir in hellen Momenten eingestehe. Von einem solchen war ich weit entfernt, als eines Morgens ein Freund von mir in der Diele stand und meiner Mutter in die Arme lief. Ich hörte sie fragen, ob er frühstücken wolle. Gegen einen hübschen, gut gebauten Mann, der Gesellschaft möge, hätte sie nichts einzuwenden. Der Avance wegen dürfte der Schönling sich schon als zukünftiger Schwiegersohn gesehen haben. Bevor ein Dreiecksverhältnis zustande gekommen wäre, sagte ich zum Freund, er solle zu Mama gehen und sich kalten Kaffee einschenken lassen. Ich habe ihm wohl unrecht getan. Er war zur falschen Zeit am falschen Ort. Als du in der Disco alleine getanzt hast, habe ich gedacht, dass du frei wärest wie ein Vogel, der zaghaft zu zwitschern angefangen hat. Du hast dich so benommen, als hättest du nicht auffallen wollen, aber gerade deshalb warst du nicht zu übersehen. Du hast mich neugierig gemacht."

„Vielleicht habe ich schon zu viel verloren, sodass ich mich daran gewöhnen musste, alleine durchs Leben zu stolpern oder im besten Fall als Solotänzer ein wenig zu glänzen, was nur mit Musik, die unter die Haut geht, möglich ist", erwiderte Louis mit leiser, leicht gebrochener Stimme.

„Meine Mutter ist an Krebs gestorben. Den Namen meines Vaters hat sie mit ins Grab genommen. Sie muss ihn gehasst haben", stammelte Louis.

Sabine hob den Kopf und sah ihn mit großen Augen an. Ohne ein Wort zu sagen, fuhr sie mit einer Hand über seine braunen, langen Haare. Eine Liebkosung, die sie noch ein paar Mal wiederholte. Louis spürte, wie Wärme durch seinen Körper floss und sein Herz höherschlagen ließ. „Ich habe gespürt, dass es etwas gibt, was uns näherbringt", sagte Sabine. Ihre Stimme tönte leicht zittrig, wie wenn etwas aufbegehrt hätte, was bislang leicht zu besänftigen gewesen war. „Ich mag dich Louis, auch wenn ich einige Jahre älter bin als du. Ein Mann fühlt sich zu einer Frau hingezogen oder umgekehrt. Ein erster, langer, tiefer Blick. Du hast ihn übersehen. Ich bin für kurze Zeit enttäuscht gewesen. Ich hätte mir gewünscht, dass du meinen Blick erwidert hättest. Wenn es so gewesen wäre, wären wir uns beim Lied ‚Sunshine Of Your Love‘ in die Arme gefallen, hätten unsere Körper aneinander geschmiegt und uns treiben lassen vom Begehren, so lange bis es nicht von unserer Seite gewichen wäre. Oder länger. Ein erster, inniger Kuss. Ein Verlangen, das sich allem widersetzt, was andere Tag für Tag verunmöglicht haben. Alles ist im Fluss, schwillt an, ufert zu einem Strom voller Leidenschaft aus. Zwei Menschen lieben sich, als gäbe es kein danach. Später wird einem bewusst, dass die bedingungslose Hingabe zu einem Menschen mit vollkommener Entblößung gleichzusetzen ist. Vielleicht treibt einen die Frage um, ob der Geschlechtsverkehr die innigste Liebe sei oder nicht. Vielleicht ist die wahre Liebe freier, körperlich ungebundener, sinnlicher, erfüllter und dauerhafter. Vielleicht ist der erste Blick, wenn er erwidert wird, im Augenblick stark genug, das zu sprengen, was sich schon länger in einem aufgestaut hat. Louis, ich kann dir nicht alles erklären und schon gar nicht die Liebe beibringen. Vielleicht geht ein Mensch, der liebt, wie auf Schienen durchs Leben und wundert sich, wieso er nicht entgleist."

Louis hörte fasziniert zu. Sabines Worte brachten ihm eine Welt der Liebe näher, die er so nicht kannte. Die Familie kannte sie auch nicht oder wenn einer eine Ahnung davon hatte, nicht in dieser sprachlichen Virtuosität. Er wusste nichts von einer Zweisamkeit, die mit gesellschaftlichen Normen und ehelichen Pflichten nichts zu tun hatte. Nicht eines der Familienmitglieder hatte jemals das Wort Liebe in den Mund genommen, geschweige denn gesagt, wie schön und herzergreifend sie sein könne oder mehr noch: eigentlich unverzichtbar wäre, wenn man sich davor in Acht nehmen wollte, kein Verzagender zu werden.

„In zwei Monaten beginne ich ein Psychologiestudium. Dann ziehe ich in die Stadt und suche mir ein Zimmer in einer Wohngemeinschaft", sagte Sabine. In ihren Worten war nichts von

Verunsicherung zu spüren. „Mein Vater kommt auch ohne mich zurecht und meine Mutter braucht einen Augenzeugen, der ihr bestätigt, dass es in der Ehe so nicht weitergehen kann. Ich muss da raus, bevor das Leben an mir vorbeirauscht. Gut möglich, dass die Liebe dann länger als nur auf einen Sprung vorbeikommt. Vielleicht willst du auch raus? Vielleicht treffen wir uns an einem Ort, wo wir beide nichts zu verlieren haben – für einen Augenblick oder länger. Ich schreibe dir meine Adresse mit Telefonnummer auf. Ruf mich an, wenn sich bei dir etwas getan hat; aber mehr als nur auf den ersten Blick."

„Wir haben kein Telefon. Wie erreiche ich dich, wenn du ausgezogen bist?", fragte Louis.

„Vielleicht sitze ich auf der kleinen Erhebung abseits des Spielfeldes und schaue genau hin, ob es dir darum geht, mit Herz zu spielen", entgegnete Sabine.

Die Morgendämmerung hatte Fahrt aufgenommen. Mond und Sterne stellten sich langsam darauf ein, Feierabend zu machen. Das heraufziehende Rot am Horizont wies auf einen Tag hin, dem es leichtfiel, sich ins rechte Licht zu setzen. Sabine legte eine Hand auf Louis Schulter, strich mit dem Zeigefinger der anderen Hand über seine Wangen, küsste sie zart, fuhr mit ihren Lippen ganz sachte über seine Lippen, bevor die Münder sich einen Spalt breit öffneten. Louis Herz schlug wie nach einem Lauf über das ganze Fußballfeld. Er streichelte mit den Händen Sabines Haar, fuhr mit zwei Fingern an einem Ohrläppchen entlang, über eine Wange, den Hals hinunter, berührte kurz eine Brust, kuschelte sich ganz nah an Sabine, drückte seinen leicht geöffneten Mund fest an ihren Mund, als hätte er zeigen wollen, dass er sich ihre Worte zu Herzen genommen hatte und sich viel mehr zutraute als vor Stunden, wo er nicht einmal in den kühnsten Gedanken darauf gekommen wäre, einer Frau so nahe zu kommen. Louis wurde von einer Liebesbedürftigkeit überwältigt, derer er sich nicht zu erwehren wusste, als hätte es in seinem Inneren gebrodelt wie in einem Dampfkochtopf, dem es jederzeit den Deckel lupfen konnte. Sabine schob den rechten Zeigefinger zwischen Louis Lippen, worauf er einen kurzen, heftigen Laut von sich gab und Sabines Oberkörper mit beiden Händen ganz fest an sich drückte.

„Mein lieber Mann! Du lernst schnell. Es tagt, Zeit aufzubrechen", erklärte Sabine.

Louis fiel erst jetzt auf, dass die Vögel gehörig zwitscherten, wie wenn sie ihrem Frohsinn über den hereinbrechenden Tag freien Lauf gelassen hätten. Vielleicht machten einige Schnabelträger mit ihrem Gesang darauf aufmerksam, dass sie sich noch nicht gepaart hatten und wollten durchnächtigten Geistern zeigen, wo die Musik spielt. Sabine und Louis machten sich auf den Weg, sprachen wenig und kamen zehn Minuten später auf dem Hof an. Großvater Karl und sein Sohn Walter trotteten mit gesenkten Köpfen über den Kiesplatz Richtung Stall. Sie mussten die Kühe melken. Sabine hatte es eilig. Sie stieg aufs Moped, startete den Motor, hatte ein schmales Lächeln auf den Lippen, sagte „Tschau" und fuhr davon. Louis war wie weggetreten. Er verspürte bereits Wehmut, die ihm aufs Gemüt schlug. Es schwankte zwischen Abschied und Aufbruch, und es kam ihm vor, als hätte seine Gefühlslage Schatten auf Ereignisse vorausgeworfen, die dereinst prägend sein würden. Louis erschrak darüber. Nicht aber über Karl, der schon eine Weile auf dem Kiesplatz gestanden haben musste, als er sich bemerkbar machte. „Bub, such dir eine Frau, die morgens parat ist und zupacken kann und dir zuerst die Haare schneidet. Das Fräulein von vorhin hat wohl mit all dem nichts am Hut", frotzelte er.

Sein Großvater war kein ausgeprägter Morgenmuffel; wobei es Louis schwerfiel, herauszufinden, ob Karl nun ein Morgen-, Mittags- oder Abendmuffel war. Louis musste ihm zugutehalten, dass er ihn noch nicht vom Hof gejagt hatte – entgegen der Drohung vor einigen Monaten. Karls Bauernpredigt in aller Herrgottsfrühe konnte Louis nicht aus der Reserve locken. Er hatte anderes im Kopf, schwieg, kramte einen Zettel aus der Hosentasche und versuchte Name, Adresse und Telefonnummer gedanklich zu verewigen. Nach ein paar Minuten setzte Louis der papierenen Liebesbezeugung die Krone auf und küsste den Zettel länger als je ein Gegenüber aus Fleisch und Blut. Danach faltete er den Zettel fein säuberlich wieder zusammen und steckte ihn in die Hosentasche.

Nach einigen Tagen empfand Louis die Liebesgefühle gegenüber Sabine nicht mehr als überschwänglich, weil sie vom Alltag zurechtgestutzt wurden; aber sie waren noch da. Louis ging seiner Arbeit mit mehr Freude nach. Sie hatte Auswirkungen auf die Nächstenliebe und zielte darauf ab, aus Huber, Inhaber eines Fahrradgeschäfts und Lehrlingschef von Louis, einen umgänglichen Menschen zu machen. Eine Mission, die es in sich hatte, wie auch das Lieblingslied von Sabine, das Louis zuweilen vor sich hin summte. Die Melodie setzte Huber zu. Er nörgelte und fluchte weniger, und er starrte auf die Werkbank, wo er Schrauben ausgelegt hatte, deren Muttern er in seinen Händen umdrehte, wie wenn sie nicht zueinander gepasst hätten. Es schien, als wären in Hubers Welt alle Schrauben locker gewesen.

In jeder der Mittagspausen nahm Louis ein Wurst- oder Käsebrot oder eine Käseschnitte oder eine Fotzelschnitte aus seiner Ledertasche. Großmutter Amalia hatte die Verpflegung zubereitet. Bei schönem Wetter aß Louis nicht, wie bis anhin in der Werkstatt, sondern ging ins Freie, runter an den Fluss oder ins Dorfzentrum, wo er sich auf eine Bank setzte. Mittags war der Dorfladen geschlossen. Es herrschte wenig Betrieb, und Louis konnte die Leute, die an ihm vorbeigingen, an einer Hand abzählen. Den Zettel mit Sabines Adressangaben trug Louis immer mit sich. Wenn die Luft rein war, nahm er ihn aus der Hosentasche, faltete ihn auseinander, hielt ihn fest, oft mit beiden Händen und fuhr mit einem Finger über die Schrift, prägte sich Name, Adresse und Telefonnummer ein, obwohl er die Angaben längstens im Kopf gespeichert hatte. Das Geschenk seines Lebens wollte er hegen und pflegen, was allen Bemühungen zum Trotz nicht ganz gelang, weil an den Enden kleine

Eselsohren entstanden waren. Louis schwebte immer noch auf einer Wolke, die in seinem Hosensack einen festen Platz hatte. Keiner schaffte es, Louis auf den Boden der Tatsachen zurückzuholen.

Zwei Wochen nach der Begegnung mit Sabine war Louis Vorfreude groß, als er am Sonntagmorgen zum Fußballplatz radelte. Er fuhr auf einem Auslaufmodell, das er von Huber zu einem Preis von fünf Franken erstanden hatte.

Louis spielte gut, war motiviert und mit Herz dabei. In flauen Spielphasen blickte er zu der Erhebung hinüber und sah eine Grasnarbe, die mehr braun als grün war, ansonsten gab es nichts zu sehen. In der Pause sagte der Trainer zu Louis, er könne mit mehr Zug nach vorne spielen. Er beherzigte den Rat und spielte offensiver. Mitte der zweiten Halbzeit hatte er einen Energieanfall, stürmte am Flügel davon, dribbelte alle aus, die sich ihm in den Weg stellten, lief bis zur Eckfahne, schaute, ob ein Mitspieler vor dem Tor stand, schaute nochmals hin und sah, wie wenn sein Blick magisch angezogen worden wäre, etwas Unvorstellbares, sodass er eine völlig verunglückte Flanke hinters Tor schlug.

Louis starrte ungläubig dorthin, wo das Spiel in vollem Gange war. Sabine saß auf der Erhebung und dicht neben ihr streckte ein gutaussehender Mann alle Viere von sich. Er hatte schulterlange, blonde Haare und einen gebräunten Teint. Louis bildete sich ein, den Mann lachen gehört zu haben, als hätte er gewusst, was es mit den Ambitionen des Bauernbuben auf sich hatte. Wie angewurzelt stand Louis da und hatte bleierne Beine. Aus der Ferne hörte er Rufe, jemand schrie seinen Namen, vermutlich der Trainer, aber keine Stimme dieser Welt konnte ihn in diesem Moment in die Spur zurückbringen. Louis sah verschwommene Gesichter und eine Fee, die hämisch grinste. Das Unfassbare bekam ein Gesicht, weshalb Louis zornig wurde, geradezu ausrastete und ihn dazu nötigte, alles zu vergessen, was ihn bislang vor Rachetaten beschützt hatte. Louis sprintete eine Linie entlang, schäumte vor Wut, holte tief Atem, nahm Anlauf, flog förmlich über den Boden und grätschte mit beiden Beinen in die Füße eines gegnerischen Spielers, der zusammensackte und vor Schmerz laut schrie. Noch unter Schock rappelte sich der junge Mann auf, humpelte auf einem Bein umher, vergaß die katholische Erziehung und fluchte: „Porca miseria! Porco dio!" Der Italiener hatte sich übernommen, sackte erneut zusammen, begann zu wimmern, war leichenblass, erbrach den Pausentee, woraufhin es Louis fast den Magen umdrehte.

Ein Mann mittleren Alters und von gedungener Statur rannte auf Louis zu, fluchte ebenfalls südländisch, fuchtelte mit den Armen, blieb knapp vor ihm stehen, holte mit geballter Faust zum Schlag aus, der über Louis hinweg ins Leere ging, weil Louis sich blitzschnell geduckt hatte, worauf der Mann reflexartig mit einer Hand über seine geprüfte Schulter fuhr, sie abtastete, um sicher zu gehen, dass sie keinen Schaden genommen hatte. Der Mann fluchte und tobte weiter, während sein Sohn, von zwei Betreuern gestützt, vom Platz humpelte. Der Schiedsrichter machte kein Federlesen und zeigte Louis die rote Karte. Er trottete mit hängendem Kopf vom Spielfeld zur Umkleidekabine, blieb vor der Türe stehen, konnte nicht davonlassen hinüberzublicken, wo der lange Blonde sich keinen Deut um den Aufruhr scherte, weil ihm eine andere Erregung um einiges besser gefallen haben dürfte. Er lag mit nacktem Oberkörper auf dem Bauch und ließ sich von Sabine den Rücken eincremen.

Ein eiligst telefonisch herbeigerufener Sanitäter wagte eine erste Diagnose. Der Verletzte habe vermutlich nichts gebrochen, jedoch könne nur eine Röntgenaufnahme Klarheit schaffen. Der Sanitäter sagte, er fahre den Verletzten für Abklärungen ins Spital. Sein Vater hatte mehrmals geschrien: „Mamma Mia, Marco!" Louis zeigte Reue, ging auf Marco zu, entschuldigte sich bei ihm und gab ihm einen aufmunternden Klaps auf die rechte Schulter. Marco stöhnte „Grazie" und schaute leidend, aber auch leicht verschämt drein, wie wenn er sich für seinen Vater hätte entschuldigen wollen. Das linke Sprunggelenk von Marco war stark angeschwollen, sodass vom

Knöchel kaum noch etwas zu sehen war. Louis war aufgewühlt und schämte sich. Er musste nichts wie weg. Louis trat in die Pedale, als hätte er den Atem eines Verfolgers im Nacken gespürt. Louis bog von der Hauptstraße ab, in einen Wald- und Wiesenweg ein, an Wiesen und Feldern vorbei, wo Bauern fuhrwerkten und dem Herrgott den Beweis lieferten, dass sie auch an einem heiligen Sonntag parat waren, den Karren aus dem Dreck zu ziehen. Louis fuhr in den Wald hinein, über Stock und Stein, wurde durchgeschüttelt, hatte Glück, dass er nicht zu Fall kam. Nichts hielt ihn auf. Er steuerte auf eine Lichtung zu, wo sich das zugetragen hatte, was sein bestbehütetes Geheimnis bleiben sollte. Er schmiss das Fahrrad hin und nahm den Zettel aus der Hosentasche, zog Hose und Unterhose herunter und legte sich an der Stelle nieder, die ihm vertraut war. In der linken Hand hielt er den Zettel, starrte ihn an, und mit der rechten Hand beschäftigte er sich mit seinem Glied. Er schloss die Augen.

Bruno tauchte auf, sein bester Freund, der mit der Zunge über seine Lippen gefahren war, als er ihm, Louis, den ersten Orgasmus verschafft hatte und die eigene Lust hochgekocht hatte, um bei sich selbst Hand anzulegen. Es flimmerten wahllos Bilder vorüber. Sabine drehte Pirouetten, tanzte mit wehendem Haar und ihre Bewegungen waren ein Freudenfest für erotische Phantasien. In der Nacht davor war es so gewesen. Louis hatte auch jetzt noch die betörenden Blicke von Sabine vor Augen, denen ein keuscher Jüngling verfiel, nachdem er die Angst vor dem Ungewissen und allfälligem Nichtgenügen gebändigt hatte, weil er sich nichts sehnlicher wünschte, als das geschenkt zu bekommen, was an feingeistigen, gefühlsbetonten und körperlichen Bedürfnissen nicht zu zähmen war. Es half alles nichts. Das Glied wurde nicht richtig steif. Bilder von triebhafter Machart hatten einen gleich geringen Erektionserfolg wie das Bild von kopulierenden Hühnern, welches Louis blitzartig durch den Kopf schoss. Er stellte die Selbstbefriedigungsbemühungen ein und bekam das, was ihm am wenigsten schlecht bekam: Ein Abschied ohne herzzerreißende und zügellose Gefühle.

Er kramte ein Schächtelchen aus der Sporttasche hervor, zündete ein Streichholz an und steckte den Zettel in Brand. Als das Papier zu Asche geworden war, war sie Louis nicht heilig und er pustete sie in alle Windrichtungen. Dann zündete er sich eine Zigarette der Marke „Mary Long" an und legte sich auf den weichen Moosboden. Louis schaute zum Himmel hoch, wo keiner der Wipfel vom Leben berauscht zu sein schien. Louis blies den Rauch ganz sachte aus, sodass sich feine Rauchkringel bildeten, die für Sekunden in der Luft stehen blieben, bevor sie von einem Lichtstrahl geschluckt wurden.

Ein paar Jahre später war Louis in die Stadt Zürich gezogen, wo er in einer Wohngemeinschaft ein Zimmer bezogen hatte. Die Wohnung war in einem Quartier gelegen, wo nebst einigen Handwerksbetrieben auch das horizontale Gewerbe Lust für den Moment oder ein bisschen länger feilbot. Louis hatte sich bei einer reifen Dame über sexuelle Lustgewinne des schwachen Geschlechts kundig gemacht und war von ihr so weit eingeführt worden, dass er fortan gerüstet war, einer Liebsten das Schönste auf der Welt nicht abspenstig zu machen. So ergab es sich, dass Louis ab und an mit einer Frau eine Liebesnacht verbrachte. Oder darüber hinaus war er zweimal mit der jeweilig Liebsten liiert, ohne dass sich daraus eine ernsthafte Zweierbeziehung ergeben hätte. Louis war zu freiheitsliebend, als dass er sich in jungen Jahren darauf versteift hätte, sein Leben mit Frau und Kind zu verplanen.

Die Geschichte mit Sabine hatte ihm länger zu schaffen gemacht, als er sich eingestand. Das Leben auf dem Hof, mit stets gleichen Arbeits- und Feierabendabläufen und Familienmitgliedern, deren Rollen in Blei gegossen waren, hatte Louis auch zugesetzt. So war er nicht umhingekommen, auszuziehen, sich zu befreien von einer familiär geprägten Denk- und Lebensweise, die ihm verunmöglicht hatte, den eigenen Lebensstil zu finden und seine Persönlichkeit zu entwickeln. Die seinerzeitigen Worte von Sabine, die ihm nahegelegt hatte, eine andere Bleibe zu suchen, hatten immer mal wieder Gehör gefunden. Louis arbeitete vier Tage in der Woche als Fahrradmechaniker in einem Zweimannbetrieb, und er lernte im Fernstudium den Stoff für die Matura. Sein Leben war ausgefüllt, was ihm half, darüber hinwegzusehen, dass er in der WG auch wieder ein Außenseiter war. Denn die anderen sechs Mitbewohner machten ein Studium an der Universität und kamen allesamt aus gutem Hause. Ein Umstand, der Louis zu spüren bekam. Aber er war mittlerweile so weit gereift, dass er sich dadurch nicht ins Bockshorn jagen ließ und eifrig mitdiskutierte, wenn abends um den großen Küchentisch herum eine Reihe von Leuten saßen, die sich dazu berufen fühlten, nichts weniger als die Welt zu verändern. Sie so hinzunehmen, wie sie war, war besser auszuhalten mit Kiffen und Alkohol als ohne. Es wurden die großen Entwürfe geschmiedet, denen Louis durchaus gewogen war. Fast ausnahmslos alle, die in der WG wohnten oder zu Besuch kamen, hatten ein Herz für linke Politik und ihre Anliegen, was Louis nicht verwunderte, in Anbetracht der Tatsache, dass ihre bürgerlich geprägten, gutsituierten Eltern für die Lebensunterhaltskosten aufkamen.

Eines Tages sagte Marta, die gerade ihr Psychologiestudium abgeschlossen hatte, dass sie in eine andere Stadt umziehen würde. Sie habe dort eine gut bezahlte Anstellung gefunden. In den nächsten Tagen käme eine Frau vorbei, die sich für das freiwerdende Zimmer interessiere. Louis nahm die Mitteilung zur Kenntnis, ohne sich darüber Gedanken zu machen.

Vier Tage später, abends, traute Louis seinen Augen nicht. Im Flur stand Sabine, die von Marta empfangen worden war. Louis wurde im Nu heiß und er spürte, wie ihm das Blut in den Kopf schoss, der wohl hochrot anlief, und er, Louis, am ganzen Leib zu zittern begann, bevor er stammelte: „Du hier ..., das gibt's doch nicht!"

Er sah, wie auch Sabine verdattert dastand und ihr Gesicht Farbe angenommen hatte. Sie sagte mit beschlagener Stimme: „Ich glaube es nicht."

Sie begrüßten einander herzlich und gaben sich gegenseitig Küsschen auf beide Wangenseiten. Natürlich gefiel Sabine das Zimmer. Und es gefiel ihr auch, dass Louis am zweiten Tag nach ihrem Einzug fragte, ob sie im „Hongkong", dem ersten chinesischen Restaurant in der Stadt, essen gehen wollten. Das Essen mundete und sie kamen aus dem Erzählen nicht heraus, weil in den fünf Jahren, in denen sie sich nicht begegnet waren, sich beidseitig so viel ereignet hatte.

„Meine Mutter hat eines Abends in rauen Mengen Alkohol und Tabletten geschluckt und ist dann nicht mehr aufgewacht. Mein Vater war wie üblich nicht zu Hause. Ich habe fürchterlich geweint; nicht aus Liebe, aber aus Schuldgefühlen. Bis ich mich mit mir und dann auch mit meiner Mutter versöhnt habe, hat es gedauert", erzählte Sabine.

„Ich habe auch geweint. Ein paar Mal. Ich fühlte mich von allen verlassen. Von Anfang an vom Vater. Von meiner Mutter auch. Sie muss Vater nach der Nacht der Zeugung verlassen haben", sagte Louis.

„Ich bin frei. Eine feste Beziehung hat sich nicht ergeben. Zu viel Fleisch, ohne Herz. Vielleicht auch wegen dir?", erklärte Sabine.

Darauf entgegnete Louis: „Ich war nie in festen Händen. Es haben mich welche verführt und verwöhnt und ich habe dazugelernt. Kein schlechter Anfang."

An diesem Abend tranken Sabine und Louis eine Flasche schönen Wein. Sie waren in einer Stimmung, die durch nichts getrübt werden konnte. Gegen Mitternacht gingen sie in die Wohnung zurück und Louis in Sabines Zimmer. Sie liebten sich, gaben einander alles, was in den Jahren zuvor versäumt worden war. Sie taumelten in Erregungszuständen und Sinnlichkeitsexzessen durch die Nacht; hörten damit nicht auf und je mehr sie sich verloren, desto enger waren sie miteinander verbunden und schmiegten ihre Körper aneinander und küssten sich, als wollten sie sich die Münder auslecken, im Zungenspiel eins werden, bevor sie sich vereinten und Säfte austauschten, an denen ihre Körper klebten, die nicht erkalteten, bevor der Morgen herannahte, an dem sie sich tief in die Augen schauten und wussten, die Liebe ist unser Leben.

Das Leben nahm seinen Lauf, aber keinen gewohnten; zu sehr waren Sabine und Louis ineinander verliebt. Louis hatte manchmal das Gefühl, dass er bei jedem Schritt abhob, getragen von einer Leichtigkeit, die jeden Stolperstein aus dem Weg räumte. In den obligaten Diskussionsrunden der WG-Bewohner war Louis geistig und seelisch abwesend, weil es ihm in der herbeigeredeten kaputten Welt so gut ging, wie noch nie. Sabine war auch nicht darauf erpicht, sich mit schlechten Nachrichten und zermürbenden Gesellschaftsanalysen herumschlagen zu müssen. Sie arbeitete als Psychologin in einer Suchtberatungsstelle und war ihrer Klienten wegen über Gebühr mit Lebensproblemen aller Art konfrontiert.

Sabine und Louis hatten sich tief im Innern gefunden und liebten sich, so oft ihnen danach war. Es gab Meinungsverschiedenheiten, aber solche, die sich in einem konstruktiven Gespräch lösen ließen.

Die Sommerferien standen vor der Tür und beide kamen überein, in die Region Auvergne-Rhône-Alpes nach Pont d'Arc an der Ardèche zu reisen. Sabine fuhr voraus und Louis wollte nach drei Tagen nachkommen, weil er, infolge Ferienabwesenheit des Geschäftsführers, noch in der Fahrradwerkstätte arbeiten musste. An einem Mittwoch fuhr Sabine mit einem befreundeten Paar per Auto los.

Am Abend rief sie an und teilte Louis mit, dass sie am Ferienort gut angekommen seien und sie ihn schon vermisse, und sie sich sehr darauf freue, mit ihm die ersten gemeinsamen Ferien zu verbringen. Als Louis ihre Stimme hörte, kam Vorfreude auf und das Verlangen, sie in die Arme zu schließen. Am Tag darauf rief Sabine abends wieder an und schwärmte von der Gegend, den Sehenswürdigkeiten und dem Fluss, auf dem sie Morgen eine Wildwasserbootsfahrt machen würden.

Tags darauf wartete Louis um sieben Uhr abends auf den Telefonanruf. Aber er kam nicht. Louis wurde unruhig, ging im Zimmer hin und her, hatte keinen Hunger, und in der Magengegend machte sich ein flaues Gefühl breit. Um neun Uhr abends kam der Anruf, jedoch von dem mit Sabine befreundeten Mann namens Peter. Er sprach leise und mit schmerzerfüllter Stimme, dass Sabine im Fluss ertrunken sei. Ein plötzlich aufkommendes Gewitter habe den Fluss zu einem reißenden Strom anschwellen lassen.

Das Boot sei an einem Felsen gekentert und Sabine sei über Bord geworfen, von einer Stromschnelle erfasst worden und sei vermutlich durch einen Schlag auf den Kopf bewusstlos geworden und in den Fluten ertrunken. Rettungsleute hätten Sabine geborgen, als sich das Gewitter verzogen hatte. Alle seien zutiefst betroffen und es tue ihm unendlich leid, diese Hiobsbotschaft überbringen zu müssen. Dann stockte Peter, weil er die Tränen nicht mehr zurückhalten konnte.

Louis war am Boden zerstört. Er sackte in sich zusammen und war nicht in der Lage, in die Küche zu gehen und die anderen WG-Bewohner über das Unglück zu informieren. Er konnte gar nichts mehr, saß nur noch regungslos da, unfähig das Geschehen in seiner Dimension zu erfassen. Louis stand unter Schock, der ihm derart zusetzte, dass er eine Woche lang kaum etwas aß, nicht nach draußen ging und, nachdem er die anderen am Tag darauf informiert hatte, mit keinem von ihnen reden wollte. Er musste allein sein mit seinem Schmerz, sich ihm stellen ohne Wenn und Aber, ihn auszuhalten versuchen, auch wenn er daran fast zugrunde ging.

Nachdem Louis äußerst mühsam und manchmal mit kaum auszuhaltender Lethargie, die auf eine Depression zurückzuführen war, durchs Leben gesiecht war, fand er Monate später ein Stück weit zur Normalität zurück. Die Trauer nahm ihm viel vom Leben, aber sie war es ihm wert.

Was Louis wirklich in die Spur zurückbrachte, war die Einsicht, eine Liebe im Herzen zu tragen, die, von der Angst befreit, nicht dauerhaft zu sein, bis zum letzten Atemzug Bestand haben würde. Mehr, fand Louis, ging nicht.

Karl-Heinz Labetzsch

Warum

Es gibt Tage, da bin ich gerne alleine.
Zieh mich zurück.
Mache alle Türen nach mir zu.
Keiner versteht, warum ich das Alleinsein brauche.
Doch dann gibt's Stunden.
Da fehlt mir das vertraute Du.
Ich bin für dich ein Buch mit sieben Siegeln.
Bin wie ein Vogel im goldenen Käfig drin.
Dabei würde ich gern frei sein und dorthin fliegen.
Wo ich der sein darf, der ich in Wahrheit bin.
Warum sind wir uns nur so fremd geworden.
Es ist so kalt. Kein Feuer – nicht mal Glut.
Früher haben wir uns doch so viel gegeben.
Das ist vorbei.
Doch zur Wahrheit fehlt der Mut.
Heute weiß ich längst:
Bäume wachsen niemals in den Himmmel.
Nur aus Träumen darf das Leben nicht bestehen.
Mit den Augen kann man nicht alles schauen.
Man muss vielmehr auch mit dem Herzen sehen.

Sylvia J. Lotz

Wie ein Blitz vom Himmel

Eines Tages war sie da
und ich fühlte mich dem Himmel nah
Wie oft hatte sie wohl diese Zeilen gehört
welche ihre Mutter an einem ihrer glücklichen Tage sang
Damals war sie noch jung und hübsch
an einem dieser Tage, an dem sie nichts mit sich anfangen
konnte
ging sie kurz entschlossen auf einen Einkaufsbummel
Die Sonne schien strahlend hell
und sie fühlte sich richtig gut
Sie fand relativ schnell rote bequeme hübsche Schuhe
Die Verkäuferin legte ihr eine passende Umhängetasche
dazu
Danach sah sie ein blumiges Kleid im Schaufenster
Die Farbe passte genau zu dem, was sie gekauft hatte
Unterwegs kam noch ein passender luftiger Schal hinzu
Sie fühlte sich perfekt
Sie fand sich in einem dieser kleinen gemütlichen Cafes wie-
der
Die Zeit reichte für ein kleines Frühstück
Im Nu war die gute Laune wiederhergestellt
Der kleine Blumenstrauß auf der Mitte des Tisches erfreute
sie sehr
In der Nähe ihres Tisches saß ein auffallend hübscher Mann
der interessiert in einer Zeitschrift blätterte

Er wirkte so ausgeglichen
Seit einiger Zeit beobachtete er sie heimlich
Da bemerkte er, dass sie sich hin und wieder
eine lose Haarsträhne aus dem Gesicht zurückstrich
Aus Langeweile bestellte sie noch einen Cappuccino
Plötzlich kam dieser Mann und fragte sie höflich,
ob er sich kurz zu ihr setzten dürfe
Sie gab sich einen Ruck und sagte spontan: „Ja gerne"
Er bestellte auch für sich einen Kaffee
und unglaublich leckere Mandelkekse
diese teilte er nun mit ihr
Beide knabberten fröhlich und begannen ein kleines nettes
Gespräch
Die Zeit schritt voran
und es ging bereits auf Mittag zu
Er erzählte begeistert von einem kleinen Restaurant
ganz in der Nähe dort gab es
angeblich leckere Fischgerichte
So sagte sie kurz entschlossen zu
So spazierten sie in Ruhe dort hin
Doch die Zeit blieb nicht stehen
Sie musste nach Hause
Später sah man sich dann automatisch öfter
Ein gutes Vertrauen entwickelte sich
Ihre Liebe begann und nach einiger Zeit wurde geheiratet
Etwas später
kam ein hübsches Töchterchen zu Welt
wenn diese plärrte, sang die Mutter das Lied

So wurde aus einer anfänglichen Liebelei
die große Liebe ihres Lebens
überraschenderweise hatte ihr Mann
sie früher heimlich fotografiert
wie sie mit gewohnter Geste
die Haarsträhne sanft zurückstrich
er ließ daraus ein Schwarz-Weiß-Bild zeichnen
das noch heute in ihrer Wohnung hängt
So endet diese Geschichte aber nie ihre riesengroße Liebe.

Klaus Schuch

Mit der Liebe ist's so ne Sache
viele sagen sie ist schön
andere sterben tausendfache
sich in Eifersucht ergehn
aber dich zu riechen
deine Augen tiefes Meer
in den Schoß möcht mich verkriechen
geb dich einfach nicht mehr her
sag dir schöne Sachen
denk nichts Böses über dich
möcht mit dir nur Lachen
sag liebst denn du auch mich

weißt du noch wie wir uns liebten
eine ganze Nacht
nie genung voneinander kriegten
bis der Tag erwacht
als der erste Sonnenstrahl
durch die dünnen Stoffe kroch
neben mir das Laken kahl
darin deine Liebe noch
wohin bist du nur gegangen
warum hast du nichts gesagt
wollte nichts von dir verlangen
und auch du hast nichts gefragt
einfach nur wir beide sein
für den Augenblick
du und ich allein
Sekundenglück

Manuela Stempfle

Hilfe!

Zum Helfen ist es nie zu spät
Egal wie anders man dir rät
Fällt dies zu tun dir manchmal schwer
Das Geben mag das Herz doch sehr

Hast Gutes du oft erfahren
Sind Freunde bekannt die wahren
Die da sind wenn alles vergeht
Und keiner sonst mehr zu dir steht

Drum freue dich, weil du vertraust
Und Menschen hast auf die du baust
Vertrauen niemand nehmen kann
Erstanden ist es – irgendwann

Gerhard Trageser

Finden

Wenn wir uns finden
im Traum der Nacht,
wird die Gegenwart zur Ewigkeit
und die Erinnerung zum
Echo aus einer
anderen, fernen Zeit.

Fliegen

Komm, lass mich fliegen!
Wenn du mich küsst,
fällt von mir ab
alle Schwere
und ich stürze
den Sternen entgegen

in den wolken

die nacht verbleicht
wenn du mir den schlaf
aus den augen
küsst
und wir die müdigkeit
und unsere kleider
abstreifen
und nackt wie wir sind
in den wolken
baden

An Hypnos' Gestaden

Sanft segle ich
zu den Gestaden des Schlafes,
während die Wellen
deiner Stimme mich plätschernd umspülen
und der Windhauch deines Atems
mich sacht berührt.
Federleicht
sinke ich in das Meer der Träume,
das aus dem Quell des Vertrauens
sich speist.

Schweigekloster

Seit unsere Liebe zerrann,
lebe ich in einem Schweigekloster.
Kein Wort kommt mehr
über meine Lippen,
und meine Ohren
habe ich verschlossen
für immer.
Nur weinen, weinen
tue ich
manchmal noch.

unerfüllbar

immer wenn ich dich sehe
in dich versunken
und selbstverloren
stockt mir das herz
und mich überfällt
wie ein paukenschlag
ein wissen um das undenkbare
und eine verzehrende sehnsucht
nach dem unerfüllbaren

verglüht

als dein schatten auf mich fiel
stand die zeit still
und ein neues universum
tat sich für mich auf

doch als die uhren wieder zu ticken
und die zeiger erneut vorzurücken begannen
unerbittlich im sekundentakt
zerstoben die planetaren nebel

und ich erwachte
in einer dunkelwolke
aus den ascheteilchen
einer verglühten sonne

Wer Religion hat, redet Poesie

Stefan Junginger

Nur eine weitere Sage

Auf alles, das zu sehen war, folgt stets mit etwas Abstand, dass sich vielerlei Dinge ereignen. Ich beobachtete, die Gemeinsamkeit, in der wir standen, befindet sich viel zu weit davon entfernt, wie unser Verhalten sich auf diese bezogen hat, daher findet sie nicht mehr zu uns, um diese zur richtigen Zeit an derlei Eindruck festzumachen.

Obwohl man schon sagen könnte, es versucht alles, nach eben diesem gegriffen zu haben. Mit welchem Recht sollte man dem Vorhaltungen gemacht haben? Es ist das Bestimmte in der eigenen Verantwortung nur, was es für bestimmbar hält. Selbst wo da nichts weiter für irgendeine Bedeutung stehen würde, ist es doch schon weiter in seiner Veranlagung gewesen. Eben doch alles, was zu sehen gewesen sein müsste. Es verschwand tatsächlich etwas, das unseren Augen verborgen blieb. Vielleicht kam es dazu ein wenig zu spät. Oder so manchem nicht früh genug, je nachdem, wie man damit umgehen möchte. So gerecht sollte man sein wollen, das noch einmal betont zu haben. Menschen spielten jedenfalls bis dato keine Rolle. Sie waren in einem Prinzip gefangen, dem sie nicht entflohen sein wollten. Man sieht sie heute noch dahin wandern. Mir war nicht klar, dass jemand in dem Fall schneller gewesen sein könnte. Überhaupt, ob nicht auch alle anderen Wege davon betroffen sein würden, war mir nicht möglich einzusehen. Nun sei es aber so und dabei bleibt es auch.

Wer versucht, etwas in allen Belangen zu registrieren, wird schnell vom daran Glaubenden zum Leidenden. In einem aber kann er fast jede Betroffenheit ganz von sich weisen. Ihm ist dieser Trauerfall nun sehr wohl selbst bekannt. Diese Imitation muss er gesehen haben. Alsdann wollen wir ihn als eine gewisse Instanz ignorieren. Natürlich ist es da völlig unverständlich, weshalb letzten Endes erst dadurch etwas von uns verstanden wurde. Vor allem braucht es dieses Prinzip dann nicht mehr. Ein Zuspruch wäre schon sektiererisch. Gemessen am Entwicklungsstand ist der momentane Typus sehr vernünftig. Eine derartige Gattung nimmt in die Pflicht. Sowohl für sich als auch um es erledigt zu haben.

Mehr Platz hat man dem nicht zugestanden. Über ihn wurde nicht gesprochen. Gegenüber ihm ist schon zu oft nach seiner Bedeutung gefragt worden. Wer sagt, dieses Gespräch hebe nie stattgefunden, wird wenig davon haben, wie mit ihm gearbeitet wurde. Ihn besessen zu haben kam für alle als erstes. Wie lange soll man für ihn seinen Charakter bezeugen. Das er formbar war, behandelt schon noch, wo er hingehören sollte. Irgendwann muss einfach auch etwas wie eine Schrift daraus werden. Noch bedarf es dieser eben nicht, aber es wird früher oder später an einen gelangen, dass dies genau wegen eben jener auf einen selbst zurückfallen soll. Wofür man sich gerne eingesetzt hätte. Greifbares reicht in der Regel aus. Man macht einen Ort völliger Ruhe daraus. Perspektivlos, aber in erhöhter Aufmerksamkeit verborgen. Noch nie davon gehört zu haben schadet da noch nicht einmal.

Es wundert auch nicht besonders, da nicht viel Gesprochenes vorfinden zu können. Dafür sind die Aussagen darüber zu wenig bekannt, als dass man sie überall wiedergeben könnte. So ganz zurück zu diesem Grund, findet man ohnehin eher selten, wenn überhaupt. Es scheint nicht nötig. Der Widerspruch besteht darin, genau zu wissen, dass es eigentlich etwas anderes betrifft. Es ist keine Möglichkeit der Steigerung zu ersehen. Persönliche Dinge sind keine fremden Angelegenheiten. Sie lassen nicht erkennen, dass sie der Zweck unseres Daseins sind. Es ist fast so, als würde man sich an nichts mehr erinnern. Man stellt sich eher noch selbst als ein Problem dar als es in seinen Bestimmungen zu erkennen. Über einen gewissen Punkt sind wir daher schon längst hinaus. Wer es als konkrete Vorstellung verdeutlichen möchte, muss sich eben davon lossagen, dass er als der Mittelpunkt gilt. Ich stelle mir nicht mich selbst vor, es sind nur Dinge die ohne meine Erklärung nicht mehr dazu zählen. Es fällt auch nicht nur mir auf, das etwas sehr uneigennützig ist. Falls es etwas gibt, das sich uns unverstandenen annimmt, sollte man vielleicht nach dem Grund dieses Zweifels daran, was da ist gesucht haben. Manchmal hilft es auch, wenn man die Sache kurz macht. Es gibt wohl genug Ideen, die Wahrheit zu versüßen.

Nah an dieser wollte ich nie sein. Dafür hält mir die Zeit schon oft genug vor, zu viel gewollt zu haben. Mit welcher Zuversicht könnte das ausgedrückt werden. Darin befindet sich ganz sicher nichts. Oder einfach noch nichts. Wir durchstreifen daher unsere Geschicke und Missgeschicke. Anders gesagt: Es ist nicht alles gut gegangen. Nur um es einmal drastisch zu formulieren, niemand glaubt daran, dass es ausgereicht hätte, diese Vorstellung dabei zu belassen. Entartung hat man es einmal genannt, also das Ansehen, welches nicht mehr vergehen kann. Es sollte einen bestimmten Vorwand annehmen, was sich mit solchen in diesem Sinn befasst. Zwischen diesem Bestehen und der Entwicklung zu etwas, findet für niemand sehr viel statt. Nur geschehen darf es in diesem Sinn nicht ohne weiteres. Dass es im eigenen Bewußtsein beruhigt, macht es zu einem sehr verständigen Umstand. Dass darauf stets das Vermögen des Individuums folgt, macht es eher zur Ursache des Übels als zur Folge des Daseins. Dinge, die sich ereignen, nehmen die Unterschiedslosigkeit als Teil des Prinzips hin. Ich frage mich daher, wozu es ein ungleich funktionierendes Prinzip zu geben hat, wo es doch nur um das eigenmächtig genutzte Wesen davon geht. Ein Mensch, der nicht erkennt, von was das umgeben ist, soll wohl bis zu einer solchen Erkenntnis etwas folgen lassen. Seit welchen Zeiten sucht da etwas so angestrengt nach diesem Sinn. Es existiert doch nur gelegentlich. Oder um es selbst zu betonen, ohne sich in eine Erzählung einzufügen. Man nennt das Eintönigkeit.

Es ist schleierhaft, warum sich eine Festigung davon erst einstellt, wo sie praktisch gesehen nicht mehr da sein konnte. Darüber wird viel gesprochen, aber niemals wirklich etwas Gesagtes verwendet. Darum steht auch noch offen, ob es tatsächlich zu Ende gebracht werden konnte. Irgendwie schafft man es, davon gehört zu haben. Obwohl schon die bloße Anschauung nicht tolerierbar war. Das kann man sehr wahrscheinlich nicht mehr zurückbringen. Rein theoretisch war es nur schneller da. Man würde etwas ganz anderes herauslesen müssen. Bis zur Weißglut hält es sicher durch. Nicht darauf zu verzichten, fiel einem sehr spät ein. Welche Worte blieben denn davon noch erhalten?

Dieser Bruch damit fällt überhaupt nicht mehr auf. Tatsache ist, man erhielt zum Schutz einen sehr nützlichen Gegenstand. „Man wird ihn sicherlich einmal brauchen können."

Wer es veranlasst hat, bedenkt auch, dass es nur falsch sein konnte, irgendetwas anderes zu versuchen. An einer Kultur festzuhalten sieht leichter aus als es ist. Immerhin fängt sie an, eine zu sein. Ein Hoch darauf, wie es das noch zustande bringen durfte. Ich meine, wie sichtbar muss etwas denn sein, damit sich auch alles einig darin sein kann. Da entlässt es seine Eigenschaften auf etwas noch wichtigeres.

Ich finde, eine Person solcher Art genügt. Sie kann nicht anders als das Bestehen aufzugeben, wie es dass so oft bis dahin tat, und weiter tun muss. So steht es nur noch für sich. Es jemand nicht zu überlassen, was er darin vorfand, ist durch etwas entgegengebrachtes schon etwas mehr als nur Vorsatz. Das hat einen schon am Schlawittchen. Es hätte zu dem Standpunkt zurückzukehren. Ihn völlig zu missachten war überhaupt nicht vorgesehen. Man nötigt die Aussage einer solchen Niederlassung ab. Dieses Ärgernis geht nicht jeden etwas an. Irgendetwas muss wohl genauso empfinden.

Ich muss hinzufügen, das findet bei mir keinerlei Entsprechung. Trotz dieser verlockenden Schönheit davon, bleibt es selbst völlig unbeachtet. Wer weiß denn jetzt, was dann damit verarbeitet wurde. Solche Tätigkeiten sind niemals selektiv. Sie sind zugleich der Verderb dieser Größe. Was bringt all das, ohne zu sagen, was man darin sehen soll. Uns gilt es als das einzig möglich werdende, von dem wir etwas wissen sollten. Das Geheimnis ist das stillschweigen über dabei hinzukommende Wahrheiten, und was sie daraus gemacht haben. Genau genommen sendet es in eine uns nun begegnete Zeit hin und in sie ein.

Es ist fast sichergehend dahin zu beweisen, dass sich es an ein weiterbestehen gerichtet haben muss. Diese Abfassung davon kennen wir sehr gut. Dieser Trauerzug bietet keinen Trost. Er spendet seine Versuchtheit etwas ganz anderem. Man muss es auf sich zu nehmen verstanden haben. Es findet sich in allen Herren Ländern wieder. Will davon tatsächlich jemand wissen, was es heißt?

Übergeben ist es, von daher hätte der Verfasser wohl auch recht darin, etwas versucht haben zu müssen. Er scheint zu wissen, was ihm da folgen würde, und was dies zu bedeuten hat. Das Einzige ist der Mangel, die Mehrheit, ein großer Fehler. Dazu überredet man nämlich niemanden. Hier lasse ich meine Möglichkeit schließlich enden. Wer es nun für nötig hält, darüber nicht zu reden, soll erklären, warum ihm das wichtiger war. Ich betraure es auf andere Weise.

Klaus Schuch

Weihrauch noch am Beichtstuhlgitter
durch die Fenster bricht das Licht
auf dem Boden bunte Splitter
Tabernakel sieht man nicht
in den Bänken aus dem Holze
eingehüllt in Andacht knien
Rosenkränze voller Stolze
in den Händen sich bewegen
von der Kanzel keine Rufe
der Altar so unberührt
roter Teppich auf den Stufen
Leuchter in den Himmel führ'n
und ein Chor im Seitenschiffe
hallt hinein ins weite Rund
da wo schmiedeeiserne Griffe
in die Krypta hinab zum Grund
Gotteshaus mit seinen Mauern
wo Figuren lassen erahnen
die Ereignisse überdauern
und so manch Geheimnis wahren
Wimpernschlag der Weltenteilung
wenn man geht durch's schwere Tor
hier darin gibt's keine Eile
schon so manches blieb davor
möchte sitzen und verweilen

bis in alle Ewigkeit
und Gedankenstress enteilen
keine Spur von Einsamkeit
nun die Glocken Zeit verkünden
denke muss jetzt wieder los
möcht man keinen Ausgang finden
nur geborgen im Gemäuerschoß

Autorenspiegel

Wolfgang Ahrens, ehem. Schulleiter in Stade b. Hamburg. Obertonsänger und Gitarrist. Herausgeber des Großen Umweltliederbuches (Schott). Veröffentlichung von Lyrik in verschiedenen Anthologien, u.a. in der Frankfurter Bibliothek.

Thorfalk Aschenbrenner, geboren 1972, kam erst spät zur Lyrik. Der Besuch bei einem Hypnotiseur öffnete diese kreative Tür. Seither sprudelt die literarische Quelle. Thorfalk ist beruflich in der kaufmännischen Logistik zu Hause, verheiratet, und Vater von zwei erwachsenen Kindern. Er lebt in seiner Geburtsstadt Erlangen.
Lyrik ist für Thorfalk Aschenbrenner, sich die Welt zu erschreiben. Sie – meist mehrdeutig – in Lebensbruchstücken festzuhalten. Häufig werden diese metaphorisch umsponnen, oft gefolgt von einer wegweisenden Pointe. Der Autor nimmt die Leser mit, ebensolche Augenblicke dichter am Leben zu fühlen, sie persönlich zu reflektieren und zu verarbeiten.
Die Poesie ist die geheime Sprache des Lebens. Mit all seinen (Un)-Gereimtheiten und der ständigen Ambivalenz zwischen dem Schein und Sein der Realität.
„Und doch glimmt von fern, der Schimmer der Hoffnung,
ein Horizont – wie ein Neuanfang"
Thorfalk Aschenbrenner hat bei der Sommerausstellung 2023 des Kulturgartens in Leipzig beigetragen, hier wurde das Gedicht „Sonnenzauber" ausgewählt und ausgestellt.
Der in Fachkreisen geschätzte Lyrikworkshop von Diana Hillebrand in München eröffnete ihm neue Ausdruckshorizonte.

Maria Baumgartner, geboren 1933 in Lassee, Niederösterreich. 1952 bis 1995 als Lehrerin im Schuldienst, anschließend in der Erwachsenenbildung (VHS) tätig. Lyrik und Kurzprosa in Mundart und Hochsprache. Veröffentlichungen in Literaturzeitschriften und Anthologien.
1999 Buch „ Samen im Wind", Kurzgedichte.
Teilnahme an zahlreichen Lesungen.

Barbara Auer-Trunz, geboren 1953, lebt mit ihrem Mann und den drei erwachsenen Kindern im Süden Deutschlands. Im Dezember 2006 greift sie spontan zum Stift. Die Worte fließen ohne große Überlegungen aufs Papier. Seitdem lässt sie das Schreiben nicht mehr los. Ihr erstes Buch „Die Türen nach innen" erschien im Januar 2010. Mittlerweile sind vier weitere Gedichtbände in der Frankfurter Verlagsgruppe erschienen: „Aus dem Herzen sprechen genügt" (2018) „Berührt durchs Leben" (2019), „Lass das mal das Leben sein" (2020) und „Die leisen Töne mag ich" (2021).
Ihr Wunsch wäre es, eine ihrer Geschichten als Kinderbuch zu veröffentlichen.

Hilla Beils-Müller, geboren 1953 in Mayen, Sekretärin i.R., verheiratet, zwei Kinder. Seit 16. Dez. 2016 Dipl. Schriftstellerin.
Veröffentlichungen: Buchausgaben: Ein kleiner Spiegel Band 1, Lyrik, Frankfurt a. M. 2008. Ein kleiner Spiegel Band 2, Lyrik, Frankfurt a. M. 2009. Nacht-Tisch-Lampe, Lyrik, Frankfurt a. M. 2010. Erkenntnis und Wagnis, Lyrik, Frankfurt a. M. 2012. Der Diamant im eigenen Ich, Lyrik, Frankfurt a. M. 2014. Weitsicht, Frankfurt a. M 2015. Lebenskreis, Frankfurt a. M. 2021.

Unselbständige Beiträge: Anthologien der Frankfurter Bibliothek: Jahrbuch für das neue Gedicht 2009, 2010, 2011, 2014 Brentano-Gesellschaft, Lyrik des 21. Jahrhunderts. Die besten Gedichte 2009/2010, 2010/2011, 2011/2012, 2012/2013, 2013/2014, 2014/2015, 2016/2017. Weitere Teilnahmen an der Neuen Literatur Frühjahr/Herbst sowie der Weihnachtsanthologie.

Lesungen: Im Deutschen Literaturfernsehen, Frankfurter Buchmesse, Buchhandlung Reuffel, Ehrenwall'sche Klinik, Bad Neuenahr-Ahrweiler, Genovevaburg Mayen, Familien-Bildungsstätte FBS-Mayen, KfD Mayen, FSH (Frauen-Selbsthilfe-Gruppe) Mayen, FSH Selbst-Hilfe-Krebs Gruppe, Neustadt an der Weinstraße.

Beatrix Ramona Benmoussa-Strouhal, geb. 1963 in Graz, Österreich. Floristin mit Diplom. Nach Beiträgen in der „ATG" Sportzeitung 1995 und in „Der Florist" 2001-2003 veröffentlichte sie 2016 mit „Ein Stück von mir aus aller Welt" ihren ersten Band mit Kurzgeschichten und Farbbildern (auch als Hörbuch erhältlich). Der zweite Band „Blumenkunst mit Gedichten" erschien 2019. 2021 veröffentlichte sie ihren dritten Band „Die Mitte von mir aus aller Welt. Kurzgeschichten und Bilder" sowie ihren vierten Band „Algerien und Oman. Bilderband mit Geschichten, Erzählungen und Lyrik." 2023 folgte der fünfte Band: „Mutters Eule und weißer Kakadu" Kurzgeschichten von Österreich und Australien mit Bildern Außerdem wurden ihre Gedichte in der „Frankfurter Bibliothek" 2021 und 2022 sowie in „Die besten Gedichte 2021/2022" veröffentlicht.

Absolventin der Cornelia Goethe Akademie mit Schriftstellerdiplom 2017. Mitglied der GAL (Gemeinschaft der Absolventen und Literaturpreisträger).

Veröffentlichung in „Der Frankfurter literarischer Lustgarten 2019". Ihre Botschaft: Sie möchte den Menschen zeigen, wie farbenfroh unsere Welt ist und ihnen Mut machen, dass man trotz eines Problems das Schöne erkennen kann.

Margitta Börner, ist in Weida/Thüringen geboren. Sie hat zwei Kinder und ist stolz auf ihre drei Enkel. Ihre freie Zeit nutzt sie zum Schreiben.
Veröffentlichungen:
2004 „Fühlst du auch so" (Gedichte, August von Goethe Literaturverlag), 2011 „Der letzte Brief" (Kurzgeschichte; Anthologie Herbst, August von Goethe Literaturverlag), 2014 „Der Weg bis ans Ende" (Erzählung, Frankfurter Literaturverlag), 2015 „War es Freundschaft?", „Und wieder habe ich einen Tag ohne dich verbracht", 2019 „Schmetterling" (Gedicht, Anthologie „Neue Literatur Frühjahr 2019", August von Goethe Literaturverlag), 2020 „Wurm Paul sucht eine Frau" (Kinderbuch, Verlagshaus Schlosser), 2021 „Spürst du schon dieses kleine Ungeheuer" (Gedicht, Anthlogie „Neue Literatur Herbst 2020/2021, August von Goethe Literaturverlag), 2022 „Kind mit Teddy auf der Flucht" (Gedicht, Anthlogie „Neue Literatur 2022", August von Goethe Literaturverlag)

Johanna Čart, geb. 1963 in Wien, Pharmazeutin, verheiratet, drei Kinder. Publikationen: „Gedicht und Gesellschaft" 2012, Brentano-Gesellschaft, Frankfurt; „Die besten Gedichte 2012/2013", Frankfurter Literaturverlag 2012; „Gedicht und Gesellschaft" 2013, Brentano-Gesellschaft, Frankfurt; „Die besten Gedichte 2013/2014", Frankfurter Literaturverlag 2013; „Neue Literatur", Anthologie im Frühjahr 2013, Frankfurter Literaturverlag; „Grüße vom Nikolaus",

Weihnachtsanthologie 2013, Frankfurter Literaturverlag; „Die besten Gedichte 2014/2015", Frankfurter Literaturverlag 2014; „Leopoldine" – Auszüge eines Lebens in Demut; CreateSpace Independent Publishing Platform 2015; „Erzählungen" über Befreiung, Berufung und Bewältigung; CreateSpace Independent Publishing Platform 2015; „Lyrik und Prosa"; CreateSpace Independent Publishing Platform 2015; „In der Angsthölle gefangen"-Mein dorniger Weg aus dem Burnout; CreateSpace Independent Publishing Platform 2016; „Die besten Gedichte 2017/2018, Frankfurter Literaturverlag 2018; „Neue Literatur", Anthologie im Frühjahr 2018, Frankfurter Literaturverlag; „Neue Literatur" 2018/2019, Frankfurter Literaturverlag; „Weihnachtliche Kamingeschichten", Weihnachtsanthologie 2019, Frankfurter Literaturverlag; „Neue Literatur" 2020/2021, Frankfurter Literaturverlag; „Neue Literatur" 2022, Frankfurter Literaturverlag; „Neue Literatur" 2022/2023, Frankfurter Literaturverlag; „Ein Zaubergarten voller Gespenster", Kindle direct publishing 2023.

Cyrill Frei wurde 1989 in Winterthur (CH) geboren und wuchs in der Schweiz auf. Er arbeitete im Handwerk und absolvierte später ein Fernstudium für Digitale Fotografie und ist nun angehender Werbetexter und Konzeptioner. Seine Leidenschaft fürs Schreiben entdeckte er in der Jugend.
Heute schreibt er Gedichte und Musiktexte.

G. E. Fugmann (Gabriela Elisabeth Fugmann), Jahrgang 1963, geboren und aufgewachsen in Sonneberg. Eine waschechte Thüringerin mit oberfränkischem Spracheinschlag und starker Verbundenheit zu ihrer thüringisch/fränkischen Heimat. Langjährige Tätigkeit als Diplom-Musiklehrerin und freiberufliche Sängerin. Veröffentlichung zahlreicher Gedichte in der „Frankfurter Bibliothek des zeitgenössischen Gedichts" und in mehreren Anthologien des August von Goethe Literaturverlags.

Roland Goretzky, geb. 1960 in Frankfurt/Oder, aufgewachsen in Süddeutschland, lebt seit 1989 in Berlin. Fotolaborant, Fototechniker, Briefträger, Behindertenbeförderer, Einzelfallhelfer. Heute Taxifahrer.

Die Texte sind „Schnelltexte". Sie entstehen in einem „Rutsch." Diesem „Rutsch" zuzuschauen, während er sich ereignet, ist herrlich, macht Freude, Lust. Sollte sich beim Lesen Ähnliches ereignen, Lust daran entstehen, wäre es schön.

Jürgen Heider, 1989 in Karaganda (Kasachstan) mit einer Spastik in Beinen und Armen sowie einer Sprachstörung geboren worden.

Heute lebt er mit seiner Familie in Freiburg. Seit seinem erfolgreichen Schulabschluss an der Staatlichen Esther-Weber-Schule in Emmendingen-Wasser für körperbehinderte Kinder arbeitet er im Büro einer Werkstatt für Behinderte in Freiburg. Das Schreiben entdeckte Jürgen Heider mit 15 Jahren für sich. Seit mehreren Jahren beteiligt er sich an Anthologien und hat bereits drei Gedichtbände herausgegeben.

Sabine-Maria Hoffer ist Lehrbeauftrage für kaufmännische Lehrgänge. Sie wurde 1970 in Klagenfurt geboren und wuchs im südlichen Teil der Stadt auf. Nach ihrer Ausbildung verbrachte sie einige Jahre im Ausland, wo sie an verschiedenen Sozialprojekten teilnahm. Seit einigen Jahren lebt sie wieder in Österreich und wohnt in der Klagenfurter Süd-Region, wo sie gesellschaftskritische Gedichte und Romane schreibt. Ihre lebendige Sprache ist wesentlich für ihre Arbeit als Autorin.

Bisherige Veröffentlichungen: „Die besten Gedichte 2010/2011", „Neue Literatur 2010/2011", „Neue Literatur 2016/2017", „Neue Literatur 2022/2023" im August von Goethe Literaturverlag

Christian Hofstetter (geb. 1952) ist im Zürcher Säuliamt aufgewachsen. Nach der Matura reiste er in die Welt (USA, Neuseeland, Jamaica, Brasilien), arbeitete später in einer Bettwarenfabrik, einer Treuhandfirma, einem Stellenvermittlerbüro und beim Freien Aargauer. Seit 15 Jahren ist er Zahlstellenleiter bei der Arbeitslosenkasse der Gewerkschaft Unia in Zürich.

Literarische Veröfflichung: Gedichte in der Literaturzeitschrift „Einspruch" (1988 herausgegeben von A.J. Seiler, mit Beiträgen von Peter Bichsel, Max Frisch, O.F. Walther, Adolf Muschg). Der Gedicht- und Erzählband „Splitter" (2007) ist Hofstetters erstes Buch.

Lothar Hutz, geb. 1947 in Herdecke/Ruhr. Der Autor lebt in Zwingenberg/Bergstraße und ist pensionierter Oberstudienrat. Er studierte Anglistik und Geographie in Frankfurt/Main und war ein Jahr an einer Schule in Wiltshire (England) tätig. Auslandsaufenthalte in Wisconsin (USA) und Victoria (Australien) folgten. Veröffentlichungen: Kurzgeschichten für den Schreibwettbewerb des „buchjournals". Beiträge in den Anthologien Neue Literatur – 2008-2012 (August von Goethe Verlag). Zwei Erzählsammlungen: Menschlich (2012) und Hutz macht Ernst (2014), Verlag/Hrsg.: Sprudelkiste.com Domenic Gleißner.

Dennis Igelbrink, geboren am 8. Januar 1991 in Georgsmarienhütte, Abitur 2010 am Gymnasium Oesede in Georgsmarienhütte, Studium der Philosophie und Geschichte von 2010-2015 an der Universität Osnabrück ohne Abschluss, Ausbildung zum Landschaftsgärtner ab 2015 in Georgsmarienhütte; ab 2018 Tätigkeit als Landschaftsgärtner, nebenbei schriftstellerisches Schaffen mit kleineren Veröffentlichungen bislang (u.a. Gedichte in den Jahrbüchern der Frankfurter Brentano-Gesellschaft)

Gerda Jaekel, geboren 1943, in Winterberg/Sld., Lebensort: Bottrop-Kirchhellen, kaufmännische Ausbildung, bis 1979 in der Buchhaltung tätig. Danach Studium an der „Neuen Kunsthochschule in Zürich, Aquarellstudio Gerda in Kirchhellen, ging als Liedermacherin an die Öffentlichkeit, Referentin für die Aquarellmalerei, zahlreiche Ausstellungen, seit 2002 Absolventin des Fernstudiums „Literarisches Schreiben" an der Cornelia Goethe Akademie, Arbeitsgebiet: Lyrische Liedertexte, Religiosität, Spiritualismus, Philosophie, Naturalistik.

Gedichte und Prosa in zahlreichen Anthologien. Mitglied der GAL (Gemeinschaft der Absolventen und Literaturpreisträger), lange Zeit im Verein IGDA (leider nicht mehr existent) tätig gewesen, in Kürschners deutschen Literaturkalender verzeichnet. Veröffentlicht Gedichte in der Frankfurter Bibliothek des zeitgenössischen Gedichts, sowie in der Bibliothek deutschsprachiger Gedichte in Gräfeling.

Stefan Junginger, geb. am 07.11.1977, Handwerk in versch. Bereichen. Autor: Beteiligung an Anthologien „Lyrik und Prosa" Bd. 28, 29, 30, 32 des Karin Fischer Verlags. Verschiedene literarische Projekte.

Barbara Jung-Steiner, geboren 1942 in Frankfurt/Main, aufgewachsen in Celle/Hann., technische Assistentin, pathologische, histologische Laborarbeit an und mit Tieren für die Deutsche Forschungsgemeinschaft. Großes Labor Humanmedizin, fünf Jahre Röntgenassistentin. Dreizehn Jahre im Außendienst im Pharmabereich tätig. Vorfahren sind bis 1520 in Gelnhausen zurück zu verfolgen. Der Großvater von Hans-Jakob Christoffel von Grimmelshausen eröffnet den Stammbaum. Seit 2002 in zweiter Ehe verheiratet, zwei Töchter.
Erste Gedichte mit neunzehn Jahren. Seit 1975 Gedichte, Geschichten und Gedankenabrisse. Letztere nicht veröffentlicht. Veröffentlichungen in örtlicher Zeitung. 1991 Weihnachtsgeschichte im Bremer Container (Radiosendung) 1. Preis. 2008 drei Gedichte in einer Anthologie im Geest Verlag. 2009 Gedichte und Geschichten im Wagner Verlag Gelnhausen. „Hütchenspieler siegen selten". Seit 2012 folgend bis jetzt jedes Jahr ein Gedicht in der Anthologie „Frankfurter Bibliothek" der Brentano Gesellschaft.

Ingrid Karner, geb. 1944 in Wien, Bibliothekarin am Institut für Theaterwissenschaften i.R., zuletzt „Dame in Grün" (Lyrik) im Rampenlicht-Verlag Wien. Zahlreiche Lesungen am „Zauberberg" Semmering und bei der Bibliotheksinitiative Wien.

Brigitte Koch, geb. 1939 in Duisburg, Sekretärin i.R., zwei Kinder. 35 Jahre ehrenamtliche Tätigkeit. Hobbies: Malen, das Schreiben von Gedichten, Kurzgeschichten, Erzählungen, Haikus. Veröffentlichungen: Beiträge in zehn Anthologien der Nationalbibliothek des Deutschsprachigen Gedichtes, Gräfelfing. Beiträge in der „Neuen Literatur" in den Ausgaben 2021, 2022, 2022/2023 und 2023, erschienen im August von Goethe Literaturverlag. Lesungen im Kulturverein.

Charlott Ruth Kott, geboren 1937 in Leipzig.
Ausbildung zur Schriftsetzerin in der Gutenbergschule Leipzig.
1981–85 Gaststudium an der HBK Braunschweig, Teilnahme an Editionen, Studienaufenthalte in der Provence. Stipendium für die Internationale Sommerakademie Salzburg, Stipendium des Landes Niedersachsen für Malerei in Frankreich. 1987 bis 2004 Mitglied der GEDOK Niedersachsen, Gruppe Bildende Kunst und Literatur. Seit 1991 im Verein „Atelier Artistique International de Séguret/Provence"
Seit 2004 Mitglied im Bund Bildender Künstler BBK und im IGBK. Mitglied in der „Braunschweigschen Landschaft" Gruppe Literatur. Teilnahme an zahlreichen Gruppen- und Einzelausstellungen im In- und Ausland. Arbeiten im öffentlichen Besitz und Museen. Zahlreiche Veröffentlichungen und Illustrationen für Kataloge und Beteiligungen an Anthologien.

2004 „Ich Werde" erste Buchveröffentlichung /Johann Heinrich Meyer Verlag Braunschweig. 2003–2006 Studium des Schreibens mit Abschluss/Zertifikat.

Seit 2015 in der GZL „Gesellschaft für Zeitgenössische Lyrik" in Leipzig.

Arbeitet als Freie Malerin, Bildhauerin und Schriftstellerin in Braunschweig.

Detlev Krause ist am 9. Juni 1958 als zweites von fünf Kindern in Kleinmachnow bei Berlin zur Welt gekommen.

Seine Eltern waren Eisenbahner. (Reichsbahn)

Das heißt, er wuchs in der ehemaligen DDR auf und erlernte nach Schulabschluss den Beruf des Offsetdruckers.

Die ersten Jahre war er in der Zeitungsrotation (Deutsches Sportecho) beschäftigt, wechselte später dann in den Bogenoffset. Von 1984 bis 1989 absolvierte er in Berlin und Leipzig ein Fernstudium zum Diplomingenieur (FH) für grafische Technik. 1993 zog er mit seiner Familie von Berlin nach Geisenheim am Rhein, denn dort hatte er sich erfolgreich für die Stelle eines Druckinstruktors beim Druckmaschinenhersteller MAN Miller in Geisenheim beworben. Als Instruktor war er auch im Ausland tätig. 2009 verließ er die Firma als Folge der Weltwirtschaftskrise. Die Firma hatte ihren Sitz inzwischen in Offenbach/Mühlheim. (manroland)

Er machte eine Umschulung zum Busfahrer, da er schon als Kind davon geträumt hatte. Bis heute fährt er die Rheingaulinie Rüdesheim-Wiesbaden.

Mit dem Schreiben von Gedichten fing er im Alter von 11 bis 12 Jahren an. Jahrzehnte lang hat er nichts mehr gemacht. Bis er während einer schweren Krankheit 2011 wieder mit dem Dichten anfing. Der Spaß daran ist bis heute geblieben.

Karl-Heinz Labetzsch, geb. 6.10.1942.
Beruf: Programmgestalter/Regisseur/Unterhaltungskunst
Moderator der Berliner Talkunde „Gefragte Leute befragt"

Annemarie van der Linden wurde 1972 in den Niederlanden geboren. Sie ist zweisprachig aufgewachsen. Seit 2000 wohnt sie überwiegend mit Katzen bei Chemnitz im Auengebiet.
Zwei Gedichte, „Räuberbraut" und „Himmel und Erde", sind in „Die besten Gedichte 2009/2010, 2010/2011" erschienen. Ein anderes Gedicht „Der Abend (ohne Wolken)" und eine Kurzgeschichte „Ella auf dem Besenstiel" sind in „Das große Vorlesebuch 2014" veröffentlicht worden. „Im Winterland", eine Kurzgeschichte, ist in „Eine Reise durch den Advent. Weihnachtsanthologie 2022" erschienen.

Sylvia J. Lotz, geboren 1962 in Stuttgart/Bad Canstatt. Die verheiratete Autorin ist Mutter zweier Kinder und war als Sekretärin der Geschäftsleitung in mehreren Unternehmen tätig. Heute ist sie Rentnerin. Ihre Hobbies sind Malen, klassisches Ballett mit Spitzentanz und Klavierspielen. Mehrere Veröffentlichungen in Anthologien.

Ilonka Martin, 1957 geb. in Deutschland, Hockenheim. 1975 Kauffrau. Ausbilderin. 2011 Sportübungsleiterin. 2017 Sen.B. Anthologie: 2018 Noel-Verl. 2020, 2022 Kreissen. Böblingen. 2021 Bibliothek Deutschspr. Gedichte. 2022 Jahrbuch Frankfurter Bibliothek. 2022 Space Net Award.

Hannelore Neumann, geboren 1928 in Kassel, geheiratet 1954, drei Kinder, Beruf: Sprechstundenhilfe, Röntgenassistentin, Mutter. Erste eigene Veröffentlichung eines Gedichtbandes „Ein kleines Stück von mir" im public book media verlag.

Rolf von Pander, geb. 1948 in Hameln/Weserbergland, Sohn deutsch-baltischer Eltern. Nach seinem Abitur in Idstein absolvierte er ein naturwissenschaftliches Studium der Meteorologie in Mainz. Anschließend war er beim Deutschen Wetterdienst tätig. Bei für den Lebensweg gegebener Ausstattung mit sowohl tradierter humanistischer als auch mit naturwissenschaftlicher Wertebasis adjustierte der Autor sein Weltbild mit eigenen Beobachtungen über Umwelt, Gesellschaft und Leben und gewann damit eine hohe Wertschätzung der UNO-Menschenrechte als Hilfe gegen moderne materialistisch geprägte Dekadenz. Ausgang des 20. Jahrhunderts – dabei auch mit Entdeckung der Freude zum Schreiben – griff der Autor zur Feder für Gedichte und Essays, mit denen er zu einer erneuerten Wertschätzung geistiger, lebensfördernder Weisheit ermutigen will – auf dem Kurs von Humanismus gegen materialistischen Werteverfall.
So empfindet Rolf von Pander auch Feinheiten und Großartigkeiten göttlicher Schöpfungen als entdeckenswert – so auch erlebt in situ der alpinen Bergwelt als Ultraläufer.

Heidi Petersen, wurde am 10. März 1937 in Hamburg geboren, nach der Mittleren Reife auf der Handelsschule und dem Korrespondentenexamen auf der Hamburger Fremdsprachenschule (Spanisch, Englisch, Französisch) begann sie im Ruhrgebiet beim Fruchtimport aus Italien, 1957 verbrachte sie als

Sekretärin in Barcelona, heiratete 1961 nach Baden-Württemberg, schulte 1975 um zur technischen Lehrerin und blieb bis 1989 in diesem Beruf. Anschließend Hauskauf an der Costa Blanca. Zweite Heirat. Lebt auf einer Finca mit vielen Tieren. Liebt die offene Sommerküche mit Schmaus aus dem Horno und Gedichten für die Gäste.

Wendelin Schlosser, Studium der Germanistik und Theologie, freier Journalist, Autor verschiedener Bücher, die alle im August von Goethe Literaturverlag erschienen sind: „Das Leben hat einen tiefen Sinn", „Das Kind fand eine Blume", „Gedichte für Teenager", „Gedichte für Menschen die an Gott glauben", „Der Ehebrecher", „Liebe und Liebeskummer", „Die Deutschen unter dem Damoklesschwert", „Kulturrevolution", „Gedichte gegen Krieg und Gewalt".

Hans-Joachim Schorradt, geboren 1954 in Berlin-Ost. Der Autor, der in Berlin die Schule besuchte, eine Forstarbeiterlehre absolvierte, dort lebte und weiter lebt, ist seit Jahren Altersrentner. Veröffentlichungen: Seit 1996 zahlreiche Beiträge in Anthologien.

Manuela Stempfle, Bankkauffrau i.R., verheiratet. Veröffentlichungen: „Facettenklang des Lebens" – Gedichte 2018 sowie in Anthologien der Frankfurter Verlagsgruppe: Jahrbuch für das neue Gedicht, 2019/2020/2021/2022/2023; „Vom Glanz und Elend deutsch zu sein" 2019; Weihnachtsanthologie 2018, 2020, 2021 und 2022; „Neue Literatur 2019/2020"; „Neue Literatur 2020"; „Neue Literatur 2020/2021", „Neue Literatur 2021", „Die Welt im Sturm" 2020, „Beziehungsplauderei" 2021; „Als Covid-19 in unser

Leben trat" 2022; „Neue Literatur 2022/2023"; „Neue Literatur 2023"; „Ich muss hier raus!" 2023
Bibliothek deutschsprachiger Gedichte: ausgewählte Werke XXII (2019) und XXIII (2020), XXIV (2021) Realis-Verlag.

Barbara Stenzel arbeitet als Verwaltungsangestellte an der Bergischen Universität. Sie ist verheiratet, hat eine Tochter und lebt in ihrer Geburtsstadt Wuppertal. Nebenberuflich verkauft sie mit viel Freude Mode in einem Geschäft in einem Einkaufszentrum. Im Ehrenamt als Bezirksvertreterin ist sie seit mehr als neun Jahren für die Freien Wähler, einer Gruppierung ohne Parteiideologie, tätig.

Christine Stumpe, geboren am 09.12.1956 in Leipzig, wo sie bis heute lebt. 1981 Abschluss als Ärztin. Hat bis 1985 als Medizinhistorikerin gearbeitet. 1991 Eintritt in den Durchblick e.V. als Künstlerin. Hat von 2008 bis 2023 als Redakteurin und Autorin in der Vereinszeitung mitgearbeitet, die monatlich erscheint. Veröffentlichungen: „Aus dem Leben meiner Kunst", 2005. Gedichte in Frankfurter Bibliothek ab 2010. In Herbst- und Frühjahrsanthologien 2010-2021 des Frankfurter Literaturverlages. 2007 bis 2023 Veröffentlichungen in „Neues vom Durchblick"(Kunst, Medizin, Literatur, Politik). Anthologie „Vom Glanz und Elend deutsch zu sein", 2019. Kunstausstellungen.

Kurt Strobl, geboren 1928 in Wien. Buchdrucker, Beamter, Pensionist. Mitglied im Verband Geistig Schaffender und Österreichischer Autoren.

Veröffentlichungen: „Die besten Gedichte 2010/11", Frankfurter Literaturverlag. Beiträge in Anthologien und Zeitschriften. 2008 Gedichtband „Aufgeschrieben". Lesungen in Kulturvereinen.

Gerhard Trageser hat sich als Journalist in Heidelberg im Umgang mit dem Wort geschult. Seine Liebe zur Sprache verbindet er mit der Neigung zur Poesie, die er seit seiner Jugend hegt. Seine gefühlvollen und teils ironischen Gedichte sind von der Neuromantik inspiriert. Unter dem Pseudonym Roman Tieck hat er bereits mehrere Gedichtbände veröffentlicht, darunter „Zeit des Sehnens", „Innig zart und selbstverloren" und „Im Schatten der Träume".

Astrid Türke wurde am 8. November 1942 geboren und lebt seit 2005 als Rentnerin in Berlin. Sie arbeitete in verschiedenen Berufen wie u.a. als Eisenbahnerin und als Pförtnerin bei einer Wachschutzfirma. Sie schrieb und schreibt heute noch kleine Geschichten und unveröffentlichte Romane, betreibt als Steckenpferd das Lesen und ist an gesellschaftlichen Themen interessiert.

Sura Sylwia Zaler, einige Jahre nach dem Krieg als Tochter von Shoa Überlebenden in Polen geboren, im Vorderen Orient aufgewachsen, hauptsächlich in Berlin tätig. Studium der Philosophie, Psychologie und Vergleichenden Religionswissenschaften. Arbeitet als Psychotherapeutin, Schriftstellerin, Musikerin und Fotografin. Diverse Literaturveröffentlichungen in Deutsch und Französisch, Literaturpreis in München.

Inhalt

Worte, Erinnerungen, Botschaften

Ich habe es erlebt

Christine Stumpe

Sura Zaler

Liebe ist nur ein Wort, aber sie trägt alles, was wir haben

Wer Religion hat, redet Poesie